首、肩、腰の痛み、体の不調が消える!

新版 肩甲骨はがしストレッチ

監修◎杉田一寿・若林孝誌
（MEDICALBAYフィットネス ラクネス）

マイナビ

prologue
まえがき

「疲れがたまりやすくなった」
「何となく体の調子がすっきりしない」

こんなことを感じながら、漠然と健康について考え始める人は多いのではないでしょうか。

年齢を重ねることで、体の動きが鈍くなり、将来への不安を感じるという人もいるかと思います。

しかし、ずっと健康でいたいと思っていてもどんなことから始めて良いのか分からず、運動不足を解消しようにもなかなか時間が取れない場合もあるでしょう。

そんな方こそぜひ、本書で紹介する「肩甲骨はがしストレッチ」に取り組んでもらえたらと思います。難しい動きもなく、短時間で体の改善を行えます。

肩甲骨は健康のバロメーターのようなものです。もし、あなたの肩の動きが悪く、固まってしまっているようなら、肩甲骨をはがす必要があります。肩甲骨を本来の状態に戻すことで体の不調は驚くほど改善されていくのです。

肩甲骨をはがせば、関節の可動域が広がり、血行が良くなり肩凝りが改善します。更に、体全体のバランスが整えば、

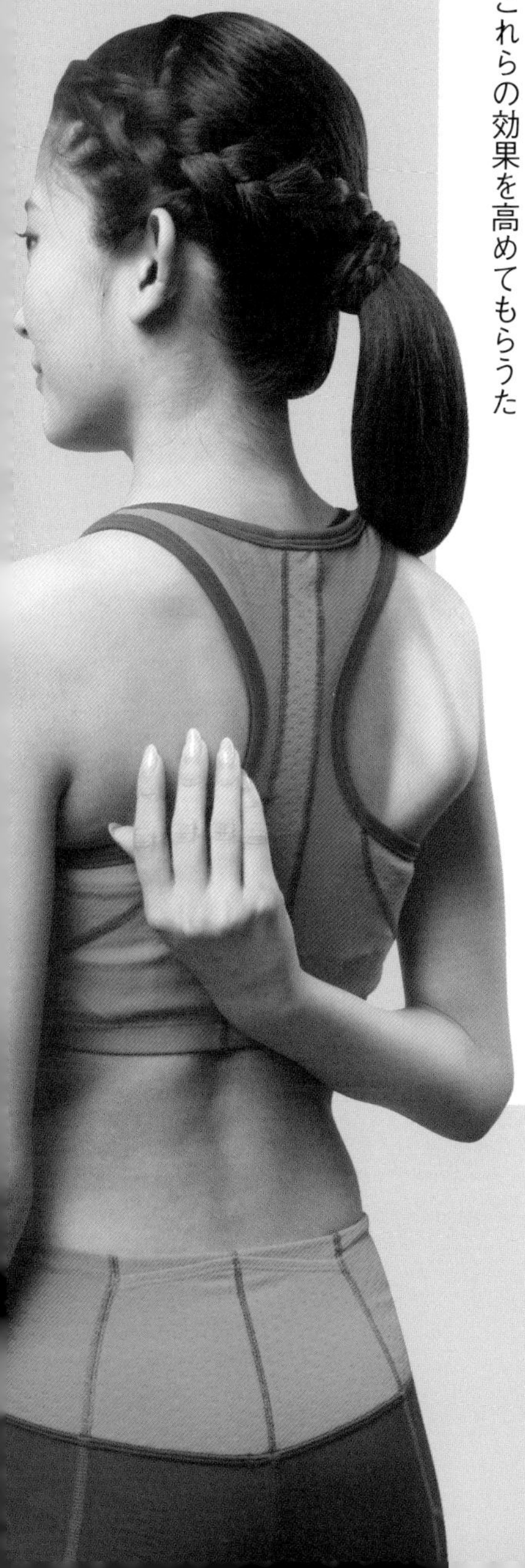

疲れにくい体を手に入れることも可能となります。

本書で紹介している肩甲骨をはがすためのストレッチは、無理に体を伸ばしたり、力を加えたりする必要はなく、体に痛みを感じることもありません。痛みを伴わないストレッチを繰り返すだけで、自然に肩甲骨がはがれていくのです。

また、肩甲骨と共に注目していただきたいのが骨盤です。肩甲骨がはがれて正常な状態に戻ると、それに合わせて骨盤の動きも滑らかになり腰痛なども緩和されます。これらの効果を高めてもらうために、本書では骨盤周りのストレッチについても紹介しています。

「継続は力なり」といいますが、毎日繰り返し簡単なストレッチを行うことで、あなたの体は背中から大きな変化を感じるはずです。

仕事の合間、食後、トイレに立った時など、普段の生活の中に本書のメニューを取り入れてみてください。肩甲骨が自由に動くようになるのと共に、きっと、あなたが抱えていた不調が解消されていくはずです。

新版 肩甲骨はがし ストレッチ

首、肩、腰の痛み、体の不調が消える!

新版 肩甲骨はがしストレッチ

CHAPTER 3

腰痛解消! 骨盤&股関節ストレッチ

CHAPTER 4

複合ストレッチ

肩甲骨と骨盤を合わせてほぐす！

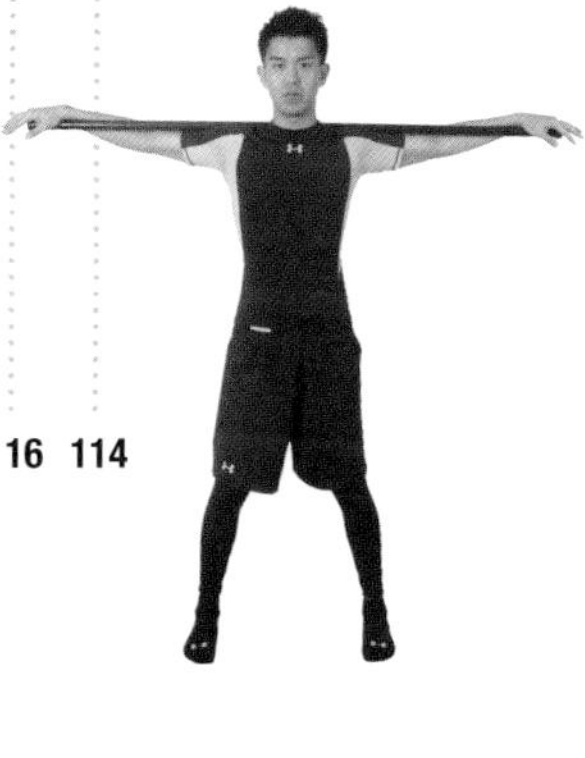

CHAPTER

5

サポートを付けて効果を高める ペアストレッチ

目的別プログラム

コラム

column

How To Use

本書の使い方

2章以降で紹介するストレッチの実践ページでは、写真と文章でストレッチのやり方を詳しく解説しています。基本的に見開きで一つの項目について解説しているので、ページを大きく開いて見ると分かりやすいです。

POINT 1

ストレッチの動きや目的について

ストレッチの動きや、ストレッチを行うことで体のどこに、どのような効果が得られるのかについてまとめています。大まかな体の動きと目的を理解したうえで行うのがストレッチでは大切です。

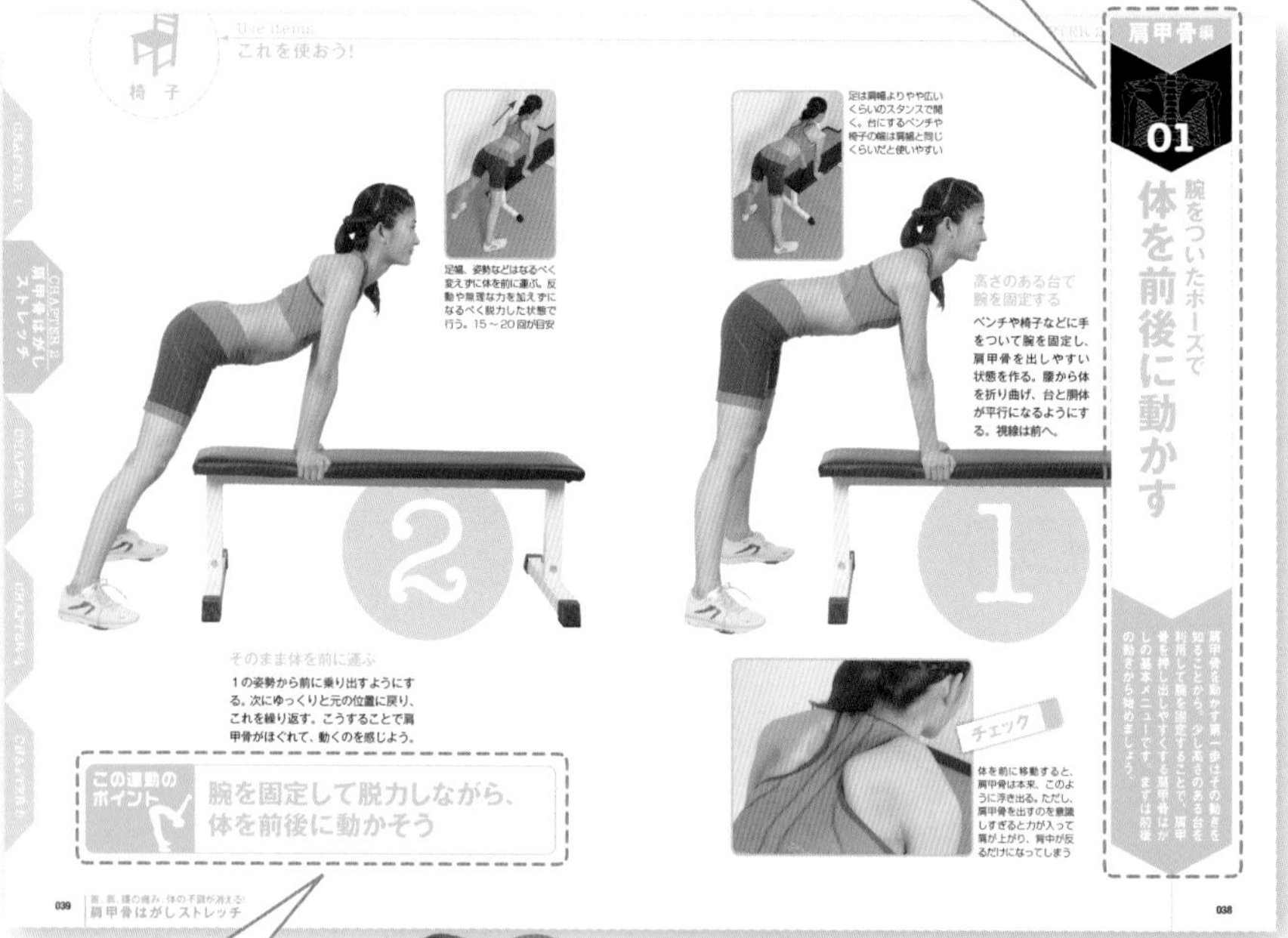
肩甲骨編
01
腕をついたポーズで
体を前後に動かす
肩甲骨を動かす第一歩はその動きを知ることから。少し高さのある台を利用して腕を固定することで、肩甲骨を押し出しやすくする肩甲骨はがしの基本メニューです。まずは前後の動きから始めましょう。
足は肩幅よりやや広いくらいのスタンスで開く。台にするベンチや椅子の幅は肩幅と同じくらいだと使いやすい
1
高さのある台で腕を固定する
ベンチや椅子などに手をついて腕を固定し、肩甲骨を出しやすい状態を作る。腰から体を折り曲げ、台と胴体が平行になるようにする。視線は前へ。
チェック
体を前に移動すると、肩甲骨は本来、このように浮き出る。ただし、肩甲骨を出すのを意識しすぎると力が入って肩が上がり、背中が反るだけになってしまう
038
Use items
これを使おう!
椅子
足幅、姿勢などはなるべく変えずに体を前に運ぶ。反動や無理な力を加えずになるべく脱力した状態で行う。15～20回が目安
2
そのまま体を前に運ぶ
1の姿勢から前に乗り出すようにする。次にゆっくりと元の位置に戻り、これを繰り返す。こうすることで肩甲骨がほぐれて、動くのを感じよう。
この運動のポイント
腕を固定して脱力しながら、体を前後に動かそう
039
首、肩、腰の痛み、体の不調が消える!
肩甲骨はがしストレッチ

POINT 2

トレーニングのワンポイントアドバイス

ストレッチを行う際に特に意識をしてもらいたいことについてまとめています。ここに書かれているポイントを意識することで、的確にストレッチを行い、効果を得ることができます。

ストレッチの各メニューは、「20回1セット」

ストレッチの各メニューは20回が1セット。1日にいくつかのメニューを1～数セットずつ無理ない範囲で行います。中には、部位ごとに左右それぞれで行うものもあります。それらは左右共に20回ずつバランスよく行うようにしましょう。

CHAPTER

体を整える肩甲骨はがし

疲れやすい、いつもどこかに凝りや痛みを感じている。あなたを悩ませるさまざまな不調の原因はデスクワークや運動不足で体がガチガチに固まっているからかも知れません。

「肩甲骨はがしストレッチ」は、日常生活の中ですっかり固まって、動きの悪くなった肩甲骨を、胴体から「はがす」ようにして動かすことを目標としています。

肩甲骨は四肢の動きや姿勢を保つのに重要な役割を果たす骨ですが、多くの人の場合、この骨が、体の奥に引っ込んで、動きが悪くなっています。本来は自由に動くべき骨である肩甲骨をほぐし、あるべき位置に戻すことで、筋肉や関節、血液の流れなどの体全体のバランスを整えられるのです。

CHAPTER 1 01

肩甲骨を動かすとすべてが動き出す

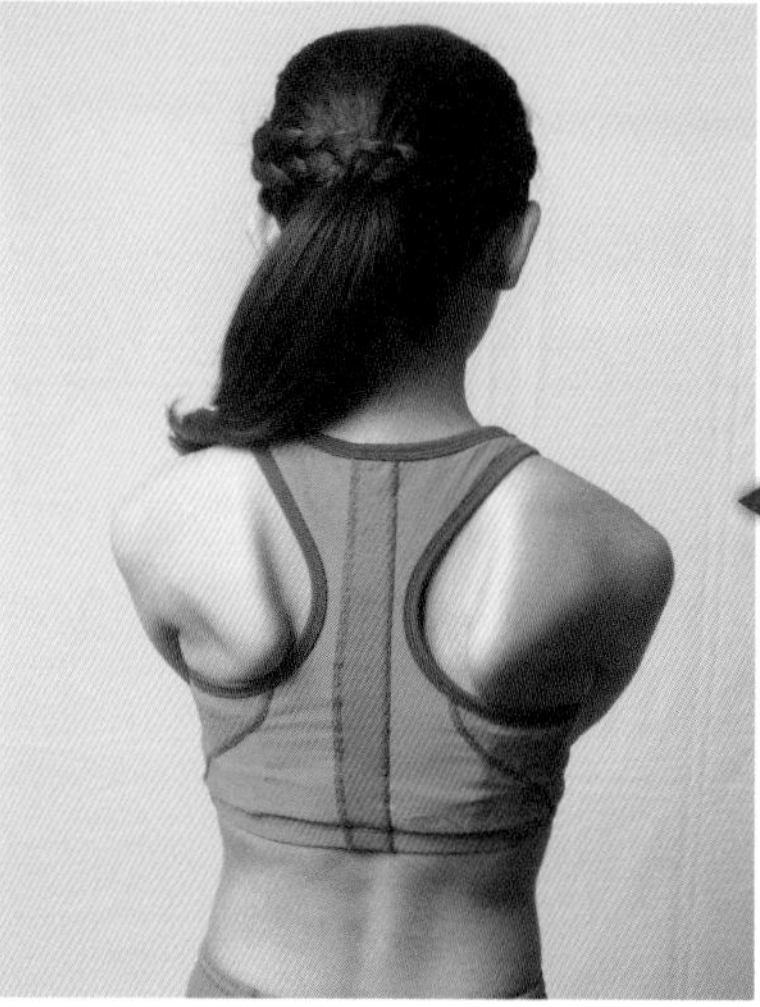

肩甲骨を肋骨からはがすと、可動域が広がって肩甲骨自体が上下左右、柔軟に動くようになる

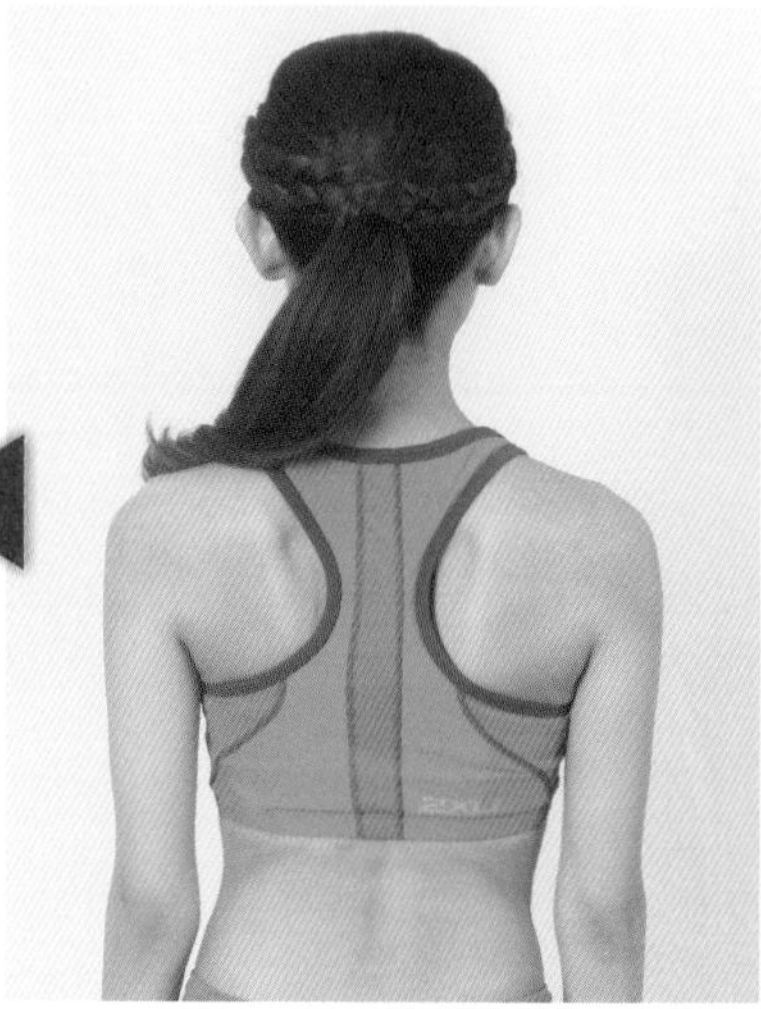

体と腕をつなぐ大きな三角形の骨が肩甲骨。正しい位置にあれば、通常の状態でも少し浮き出ている

上半身の要となる肩甲骨の働き

肩甲骨は肩や腕、そしてその先にある手や指を胴体へとつなぐ、とても重要な骨です。背中側にあるため、普段意識することは少ないかも知れませんが、背後から全身を見ると、上半身のかなりの面積を占める大きな骨であることが分かります。日常的に物を持ったり、デスクワークでキーボードやマウスを使ったりする程度ではあまり感じることはないですが、肩甲骨は本来、上下左右に想像以上に自由に動くのです。

近年、運動不足や長時間にわたるデスクワークの影響で、肩甲骨が正しく動かない、体にくっついて狭い範囲でしか動かない人が増えています。肩甲骨の周囲には大小の筋肉、腱や靭帯、関節、血管が集まっているため、肩甲骨が動かない状態では、それらの本来の機能が失われ、肩凝りや腰痛、頭痛、だるさなど、慢性的な体の不調を誘発している可能性があります。

肩甲骨はがしは健康な体作りの第一歩。ガチガチに凝り固まった肩甲骨を動かすことで、全身のバランスを整え、〝自由に動く体〟を手に入れましょう。

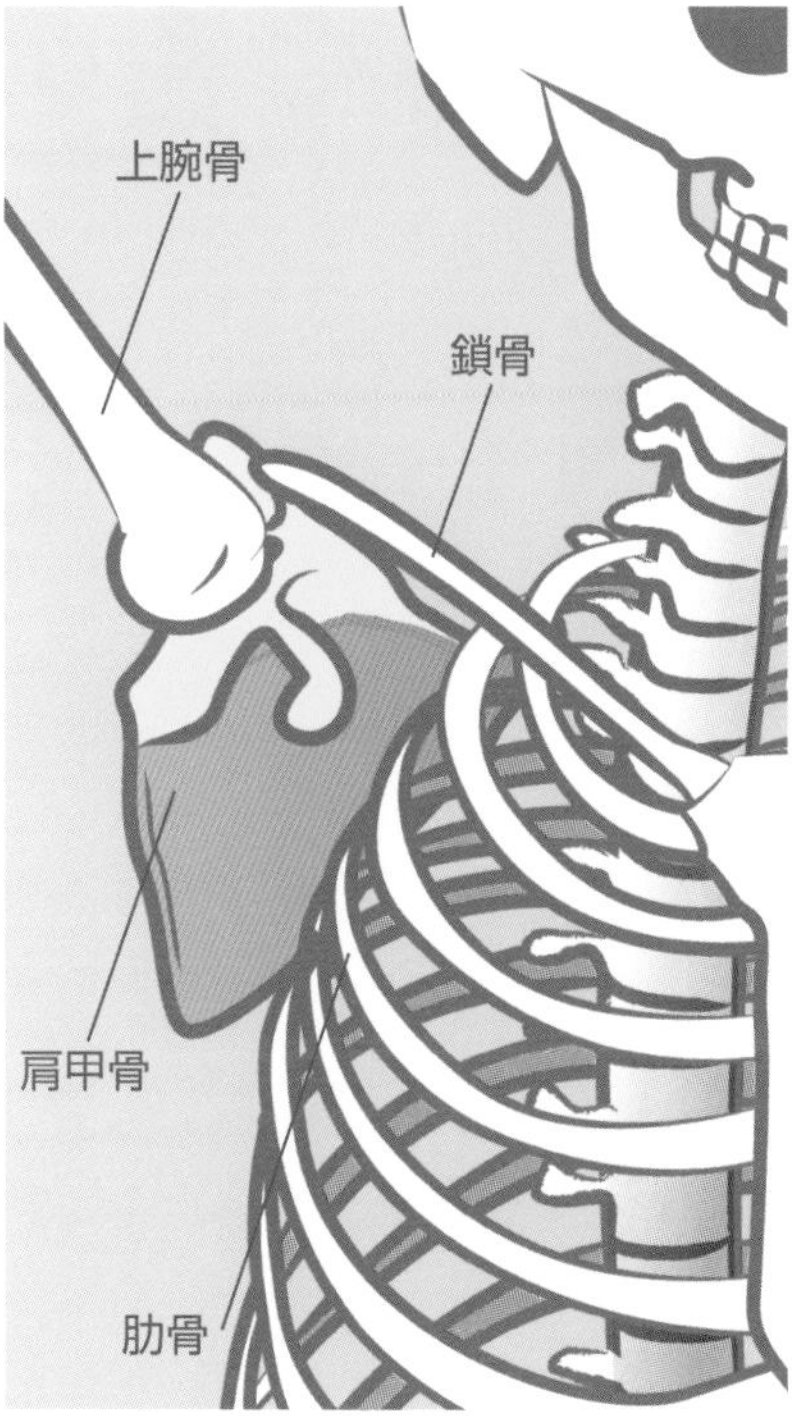

体とは鎖骨とだけつながっている

肩甲骨は肋骨のカーブに沿うような形をしているが、肋骨（胸郭）には直接くっついていない。上部が鎖骨、側面は腕（上腕骨）とつながる。下部は筋肉に支えられているので、肩甲骨自体は動作に合わせて背中で自由に動くようにできている

肩甲骨は元々浮いている

二等辺三角形のような形をして、肋骨を覆っている肩甲骨は、肋骨に直接くっついているのではなく、肋骨から少し離れた位置に浮いた状態で固定されています。

胸を張る姿勢になると、左右の肩甲骨が自然と近付きますが、これが本来の肩甲骨の正しい位置です。しかし、ほとんどの人の肩甲骨は、姿勢の悪さや周辺の筋肉の影響で左右外側に、離ればなれになっています。肋骨のカーブに合わせて張り付き、体に〝めり込んだ〟肩甲骨は、肩周辺の組織を常に緊張させ、可動域を狭めています。肩甲骨はがしは、肩甲骨を肋骨からはがして、元々あるべき自然な位置に戻すことなのです。

肩甲骨は縦横無尽に背中で動くもの

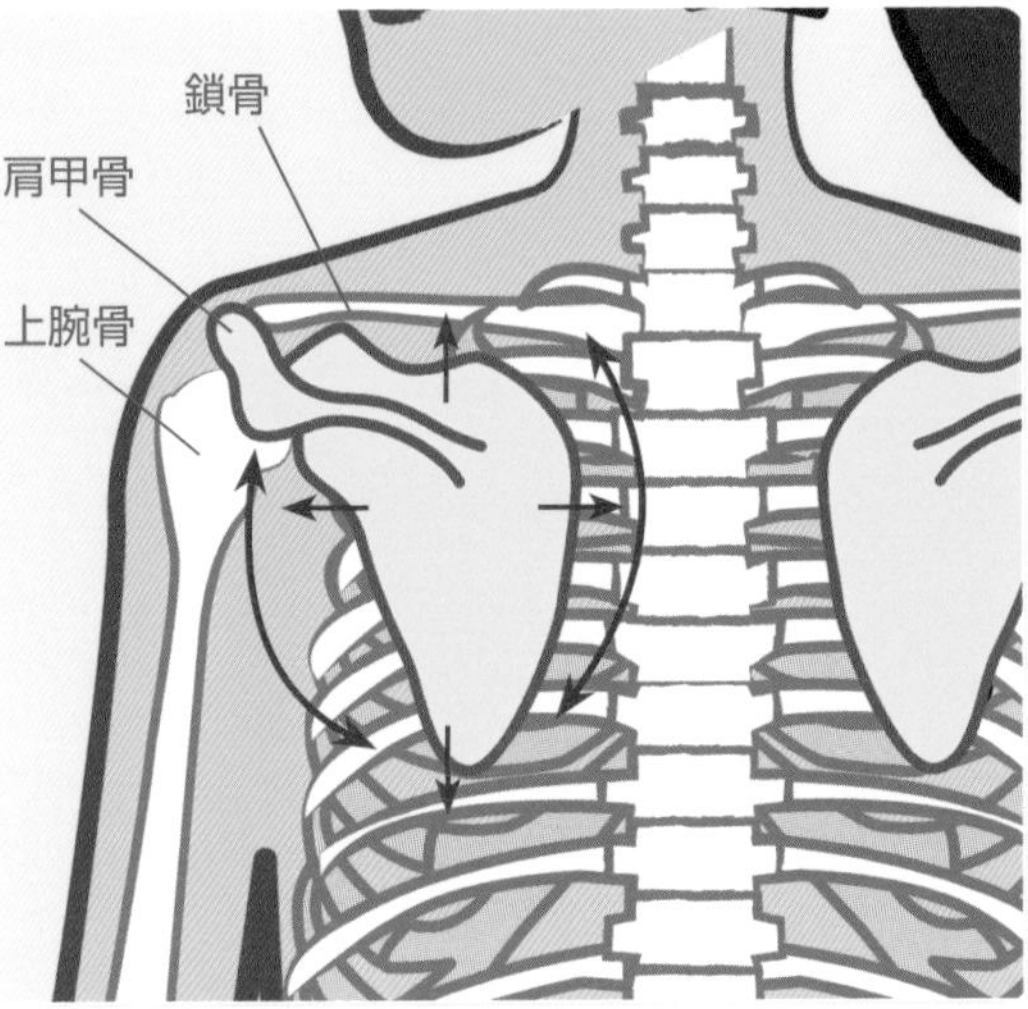

鎖骨と上腕骨につながった肩甲骨は上下左右に動くほか、二方向に回旋する。この動きの幅が広ければ広いほど、肩甲骨の可動域も広くなる

肩甲骨の動きの仕組み

鎖骨と上腕骨につながり、さまざまな周辺組織に覆われている肩甲骨は、胴体との中継地点として腕の動きを〝生み出す〟役割を果たしています。

肩甲骨自体も縦横無尽に、イラストの矢印のように六つの方向に動きます。

背骨の方向に肩甲骨を動かす「内転」、逆に外側に動かす「外転」、つり上げる「挙上」、引き下げる「下制」、腕を上げる動作などで八の字に開くように内回りに回転する「内旋」、反対に外回りに回転する「外旋」の6種類です。

正常な肩甲骨は筋肉などの制限を受けることなく、6方向に自由に動きますが、凝り固まった肩甲骨は何らかの要素に引っ張られたり、邪魔されたりして動きが制限されてしまいます。

本来、自然な肩甲骨は、肋骨からはがれ、浮いている状態なので、背中側から見ればはっきりとその形が認識でき、動く様子が分かる程度に飛び出て見えます。

6種類の肩甲骨の正しい動き

肩甲骨はさまざまな筋肉をつなぐ役割をしているため、その動きは本来ダイナミック。下で示すように、上に対して下、右に対して左と、反対方向で対になった三つの動き、計6種類の動作方向を持っている。

内旋(上方回旋)

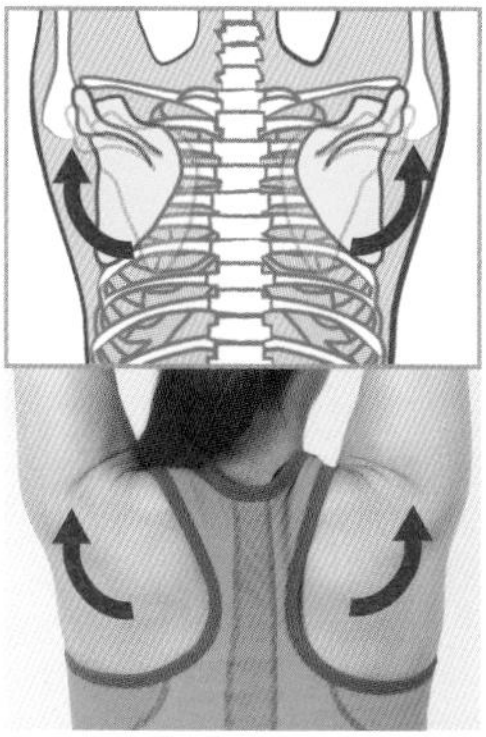

肩甲骨の関節面が上に向く。手を上げる動作で肩甲骨が回転する動き。内旋とも上方回旋ともいう

拳　上

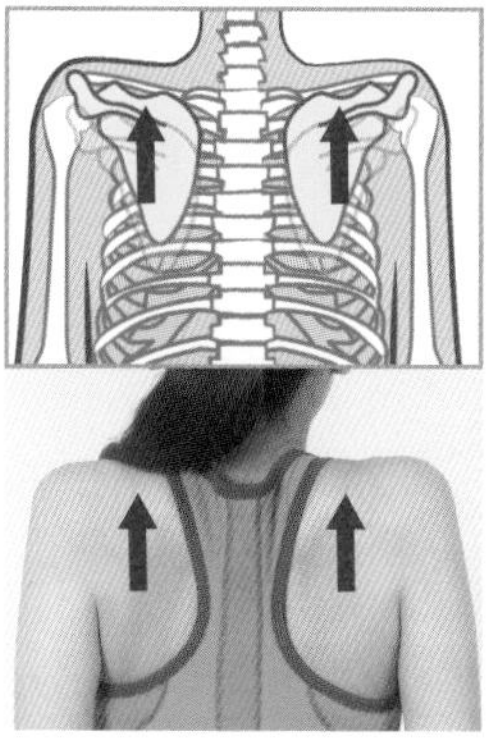

肩甲骨がせり上がるようにして動く。鎖骨とつながる肩全体が上がるので、肩をすくめる動きになる

内　転

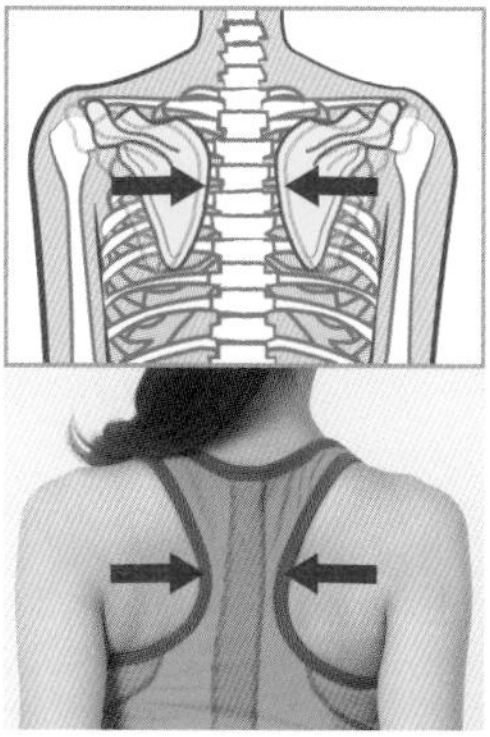

胸を張るように、肩甲骨を背骨の中心に寄せる動き。肩甲骨は胸郭に沿って内側にスライドして動く

外旋(下方回旋)

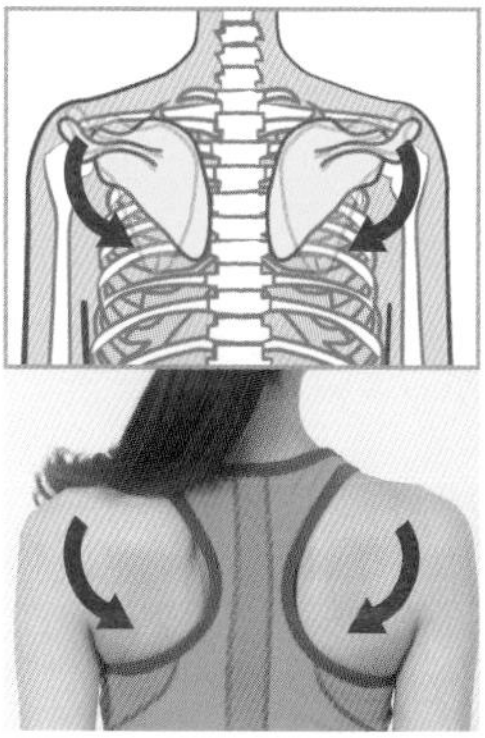

肩甲骨の関節面が下を向くように回転する。上げていた手を下げる時の動作。下方回旋ともいう

下　制

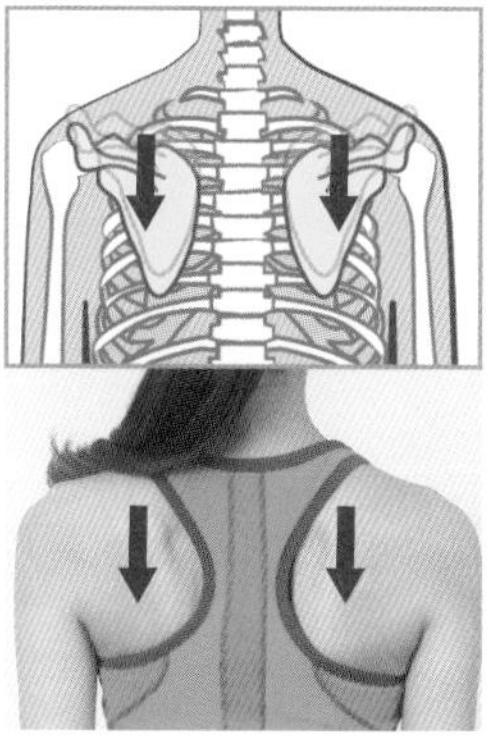

肩甲骨が胸郭を沿うようにして下がる動き。拳上と正反対に肩甲骨が下方に動き、肩が下がる

外　転

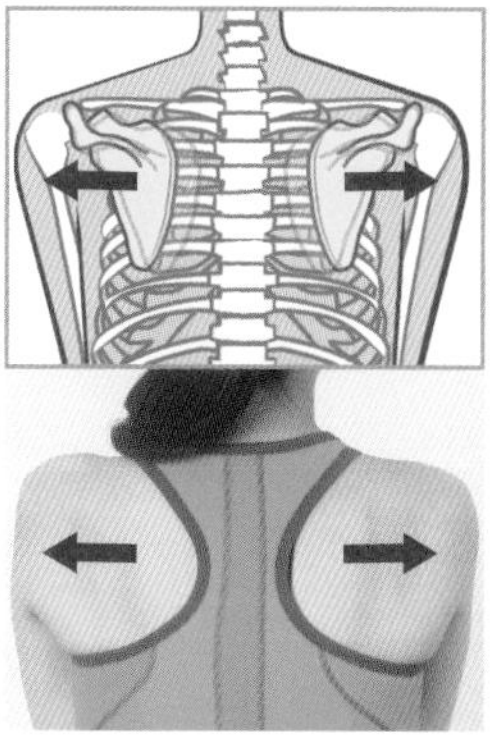

内転とは逆に肩甲骨が離れる動き。回旋はせず、体の外側に向かって肩甲骨がスライドする

CHAPTER 1 03

肩甲骨がどこにあるか分かりますか？

まず意識して肩甲骨を動かしてみよう

前項までは肩甲骨の仕組みや動きについて説明してきましたが、ここからは、なぜ、肩甲骨を「はがす」ことが体に良いのか、順番に詳しく説明していきます。

「あなたの肩甲骨はどこにありますか？」

そう聞かれたら皆さんは何と答えるでしょう？ 肩甲骨の場所を知っているほとんどの人は、背中の上の方を指さして「この辺り」というはずです。しかし、自分の肩甲骨をスムーズに触って「これが肩甲骨です」と確認するのは年齢を経るごとに難しくなっていきます。それくらい、現代人の肩は柔軟性や自由度を失ってしまっているのです。

肋骨に張り付き、動かなくなっている肩甲骨をはがして自由に動くようにする。このことはあなたの体にたくさんのポジティブな変化を生みます。

肩甲骨の動きが良くなれば、その周りにある筋肉がほぐれ、血流も良くなります。これまで一生懸命マッサージでほぐしていた肩や背中の凝りや張りは、肩甲骨はがしのストレッチを行うだけでどんどん改善されていきます。

肩甲骨が動き出し、本来あるべき位置に収まると、頭を支える首、肩から胸(胸椎)、腰(骨盤)とのバランスも改善され、全身の関節、筋肉の動きがリセットされます。肩甲骨が正しい位置で柔らかく動けば姿勢もどんどん良くなっていくのです。

体を整える第一歩は肩甲骨の解放。背中に埋もれた肩甲骨が自由に動く状態をイメージすることから始めましょう。

肩甲骨の可動域チェックをしてみよう！
32ページからの可動域チェックへ

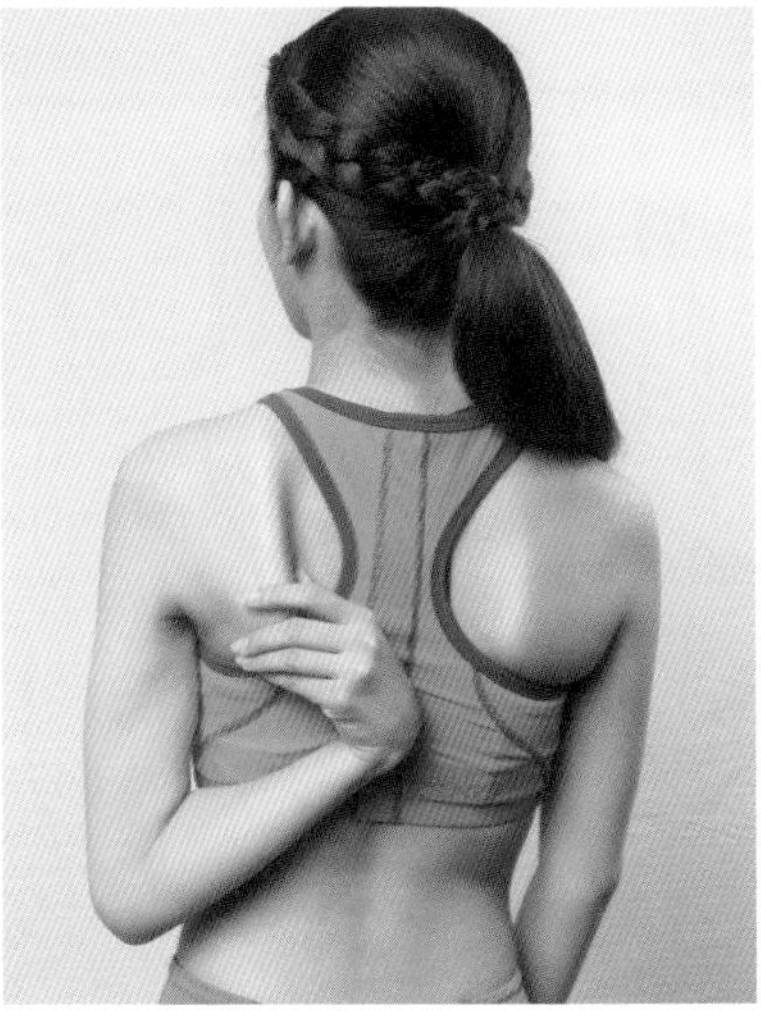

片手を背中に回し、同じサイドの肩甲骨を触る。ほとんどの人は触りやすさに左右差がある

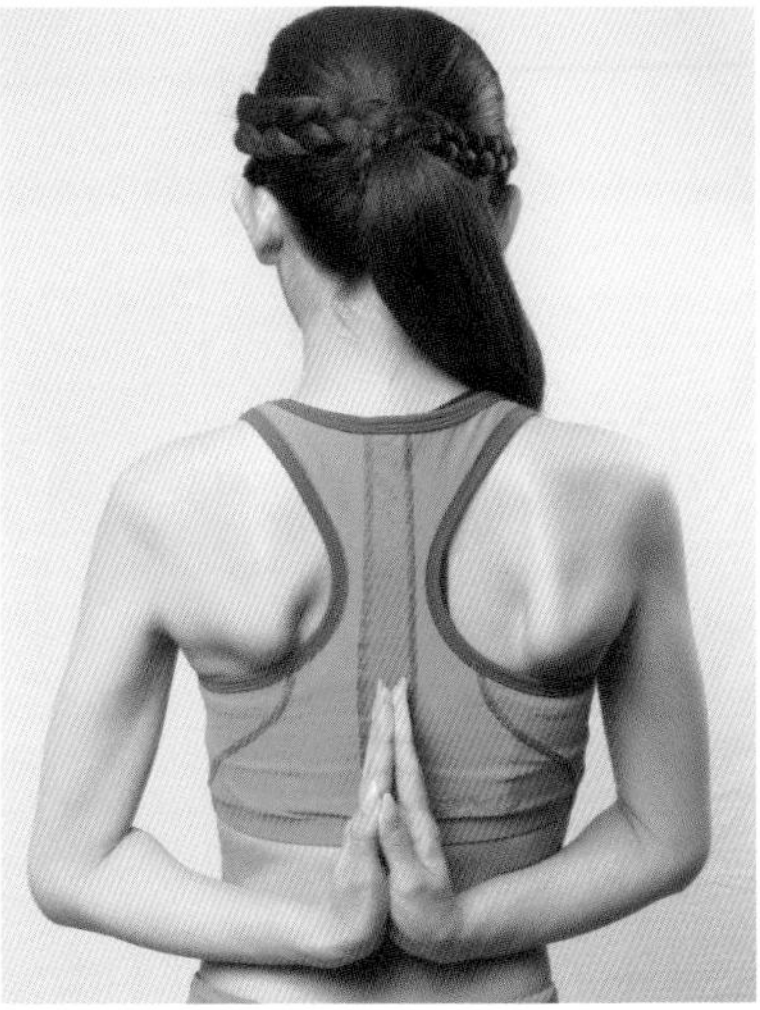

指先を上に向けて手のひらを合わせる。固まり度が深刻だと手のひらがぴったり付かない場合も

行方不明の肩甲骨を探す

これまで意識したことのなかった肩甲骨の存在を意識するために、埋もれてしまっている肩甲骨を「探して」みましょう。

　肩甲骨の動きが悪い人は、背中がほぼ平らになっています。背中に手を回して肩甲骨に触れようとしても、窮屈に感じることもあるでしょう。

　自分の肩甲骨がどんな状態なのか知るために肩甲骨の可動域をチェックする方法があります。上の写真のように肩甲骨を自分で触ったり、浮き出るように動かしてみる簡単なストレッチです。具体的な方法は後で詳しく紹介します。

CHAPTER 1 04

あなたの肩甲骨が固まっている理由

スマホをのぞき込む姿勢も首〜肩甲骨周りの筋肉を固める。日々の繰り返しで姿勢が固定してしまうのも問題

前屈みのままのデスクワークは体に負担が掛かる。長時間この体勢でいれば肩甲骨も固まってしまう

危険は日常生活にあり！ こんな動きが肩甲骨を固める

仕事では長時間パソコンに向かい、帰宅後のリラックスタイムでもスマホとにらめっこ。私たちは、日常生活の何気ない動作の中で、首や肩に想像以上の負担を掛けています。人間の筋肉は使わなければ柔軟性や弾力を失い、硬くなっていきます。運動不足の人の体が硬いのは、筋肉が硬く伸びない状態になっているからです。

デスクワーク中心の仕事をしている人は、長い時間同じ姿勢でいることが多くなります。ただでさえ便利な生活に染まった、現代人は決まった筋肉しか使わずに、全身の筋肉が衰えがちです。これは生活習慣病の起因の一つといっても大げさではありません。

悪い姿勢

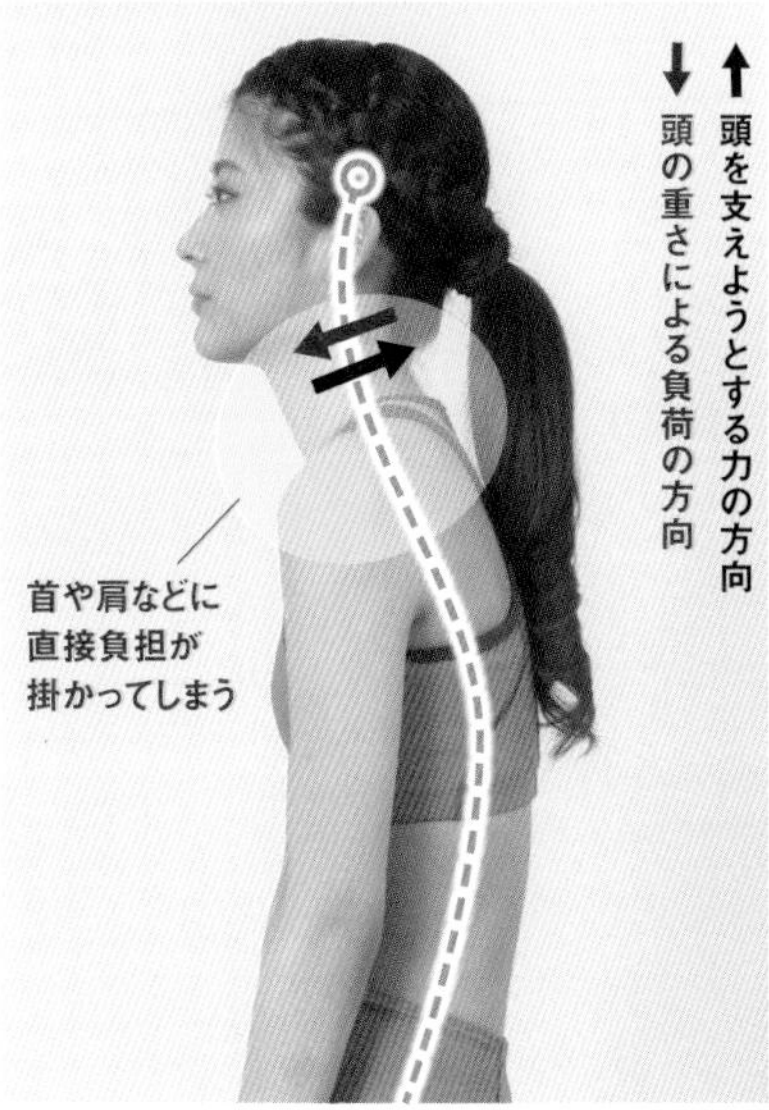
頭を支えようとする力の方向
頭の重さによる負荷の方向
首や肩などに
直接負担が
掛かってしまう

正しい姿勢

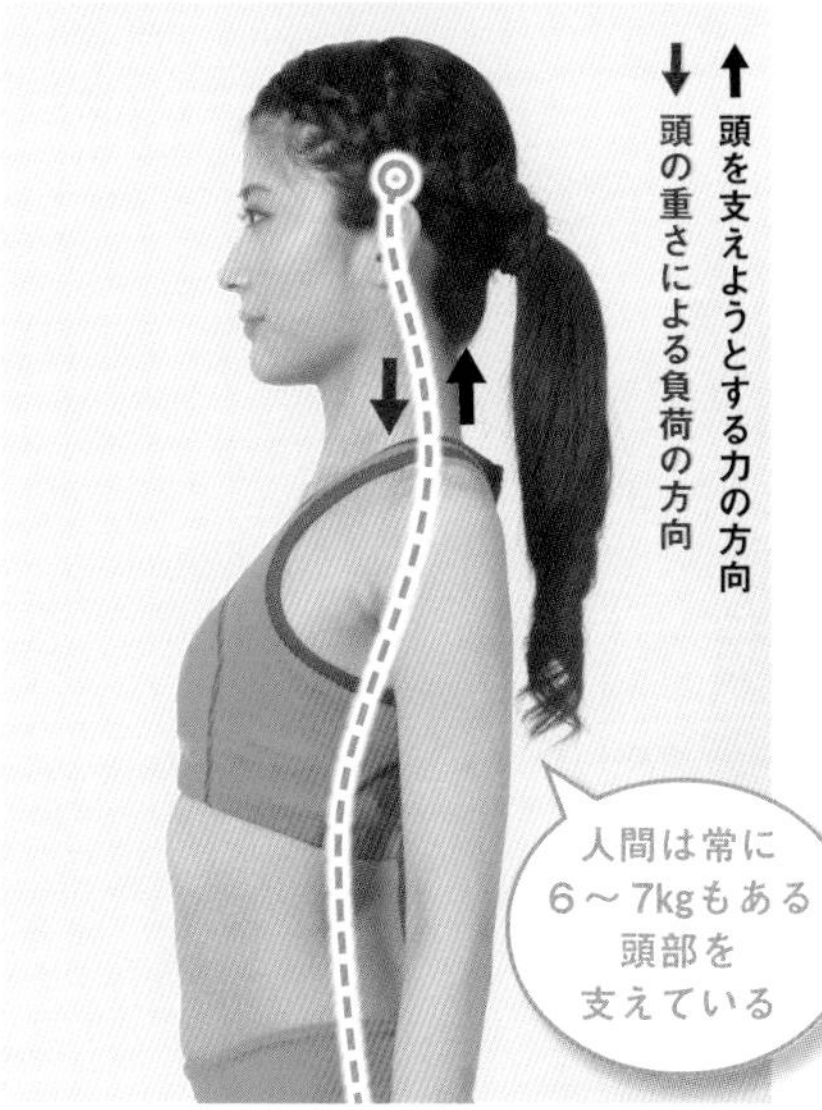
頭を支えようとする力の方向
頭の重さによる負荷の方向
人間は常に
6～7kgもある
頭部を
支えている

筋肉の交差点
肩甲骨が動かない人は要注意

肩甲骨の周りには、首につながる僧帽筋や肩を覆う三角筋など、体を動かす重要な筋肉が交差点のように複雑に入り組んでいます。これらの筋肉が硬くなれば、肩甲骨も背中に張り付き固まっていきます。

人間の体は骨や関節、筋肉などが絶妙のバランスで支え合っています。肩甲骨が固まり、姿勢のバランスが崩れると、6～7キロあるといわれる頭の重さが首や肩に直接掛かる悪循環を招きます。これに前屈みの姿勢を助長するデスクワークやスマホ操作が加われば立っているだけ、座っているだけでも気付かぬうちに私たちの体は大きなトラブルを抱えることになるのです。

CHAPTER 1 05

肩甲骨をはがすメリットって何？

メリット1 血流が良くなって肩凝りがなくなる

日ごろの習慣で固まってしまった肩甲骨を胸郭からはがして、解放してあげることで、あなたの体にはたくさんのポジティブな変化が起きます。ここからはそのメリットの一部を紹介します。

大きなメリットとして挙げられるのが、もはや国民病ともいえるほど、多くの人が悩まされている「肩凝り」の解消です。

ずっと同じ姿勢を続けたり、特定の部分に偏って負荷が掛かったりすると筋肉が疲労して硬くなります。筋肉が硬くなれば関節や姿勢に悪影響を与えるだけでなく、周囲の血管を狭め、血流も悪くします。すると血管を通して運ばれてくる酸素の量も減り、流れて行くはずの老廃物も筋肉内に残ってしまって凝りの原因になります。これが肩凝りのメカニズムです。

首や肩周辺の筋肉が固まり、血管が狭くなって凝りや張りを繰り返せば、次第にこれが慢性化していきます。肩凝りを起こす仕組みにはいろいろな原因や順序がありますが、慢性的な凝りや痛みに悩まされている人の肩甲骨は、まず間違いなく動きが悪く、ガチガチに凝り固まっているといえるでしょう。

肩凝りの解消法として一般的なのがマッサージです。体に刺激を与えることで硬くなった筋肉をほぐし、血行を良くするマッサージは一時的には効果を得られます。入浴や温湿布などで血行が良くなると凝りが和らぎ楽になるのも同じ理屈です。しかし、これらの方法は対処療法でしかなく、時間が経てば体はすぐに元の状態に戻ってしま

固まって動きにくくなった肩甲骨

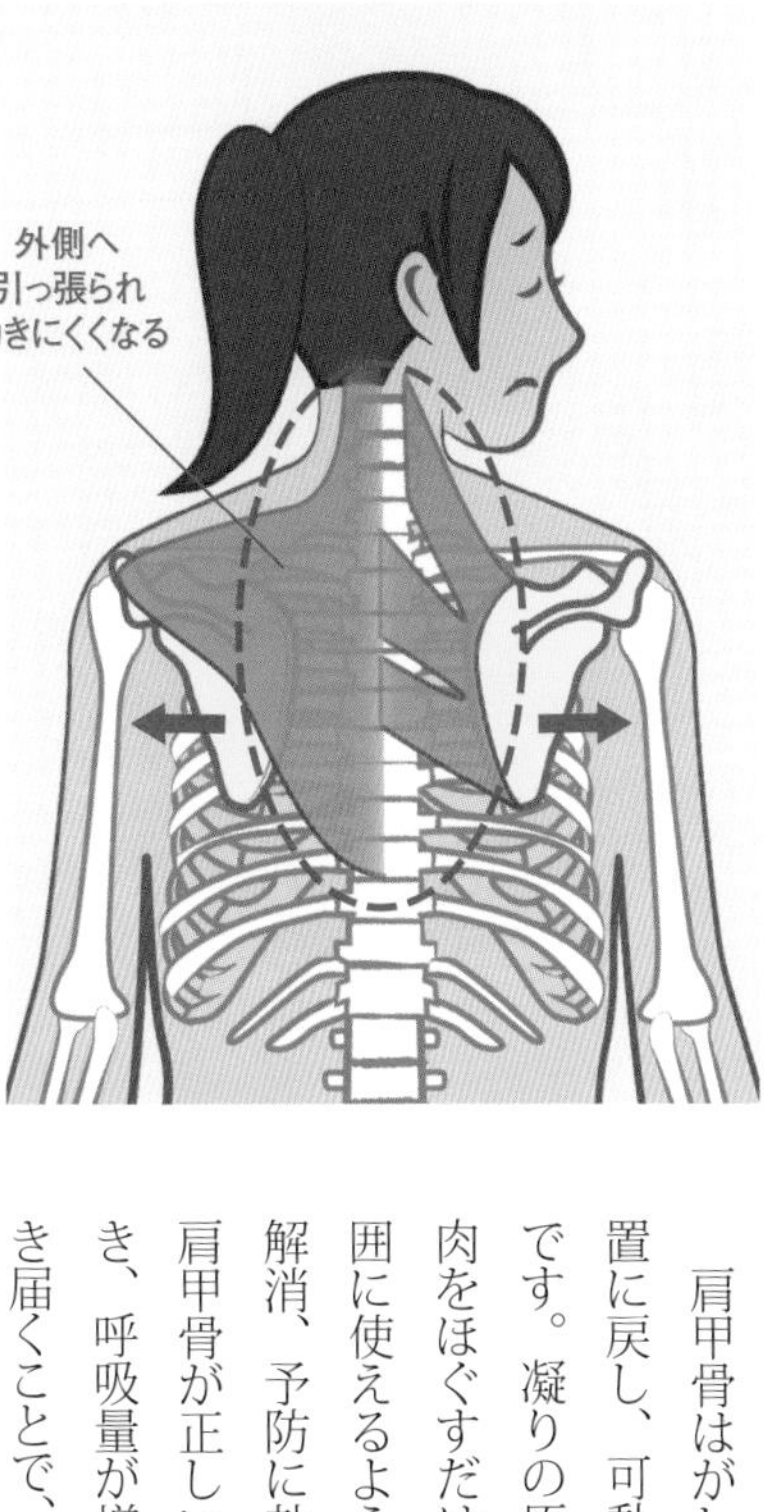

正常に動く肩甲骨

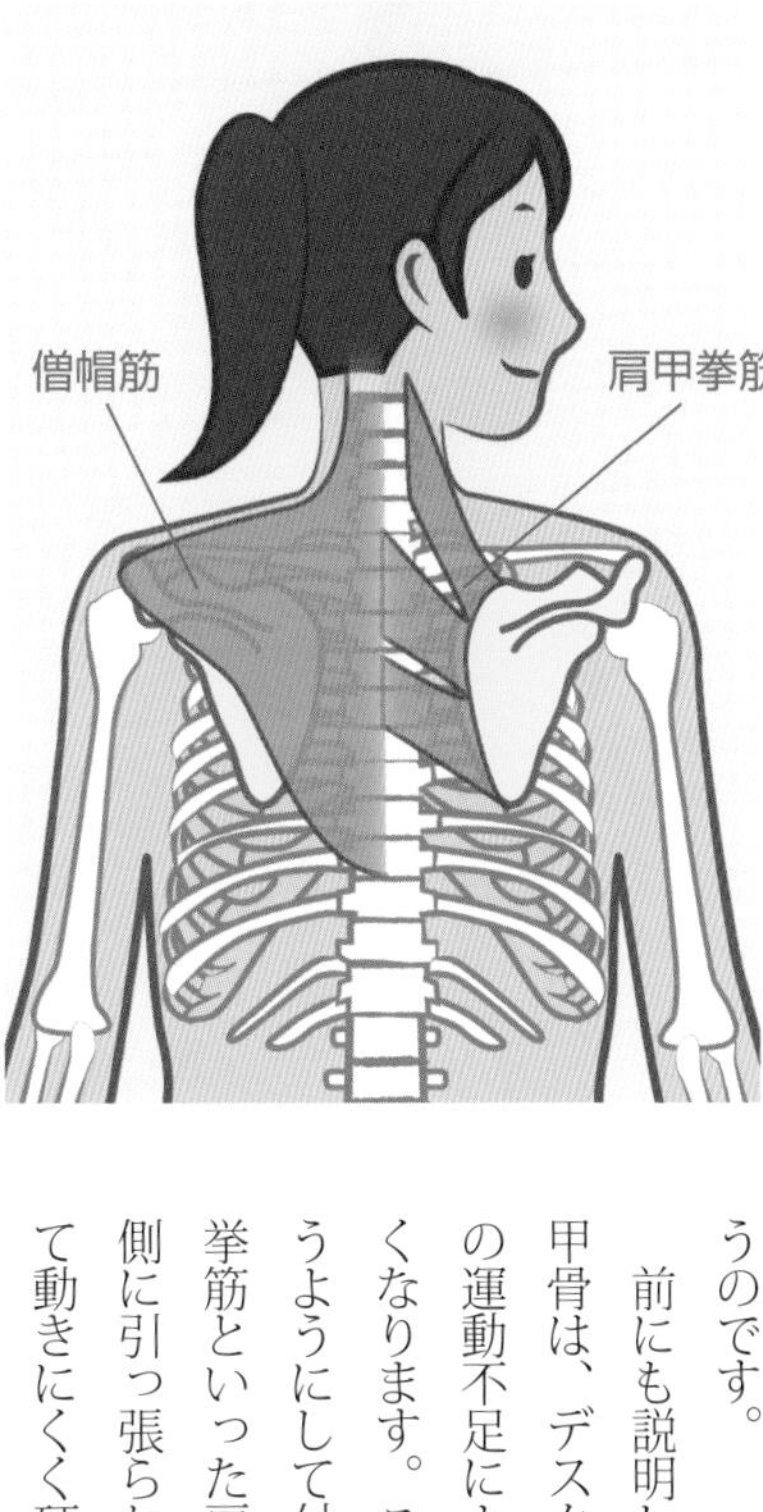

うのです。

前にも説明しましたが、現代人の肩甲骨は、デスクワークの影響や日ごろの運動不足によって固まり、動きが鈍くなります。これが原因で肩甲骨を覆うようにして付いている僧帽筋や肩甲挙筋といった肩周りの大きな筋肉が外側に引っ張られ、パンパンに張りつめて動きにくく硬くなり血行不良を引き起こしてしまうのです。

肩甲骨はがしは、肩甲骨を本来の位置に戻し、可動域を広げるストレッチです。凝りの原因となる硬くなった筋肉をほぐすだけでなく、肩や腕を広範囲に使えるようになるため、肩凝りの解消、予防に効果があるのです。また肩甲骨が正しい位置に収まると胸が開き、呼吸量が増えます。体に酸素が行き届くことで、血流も良くなるのです。

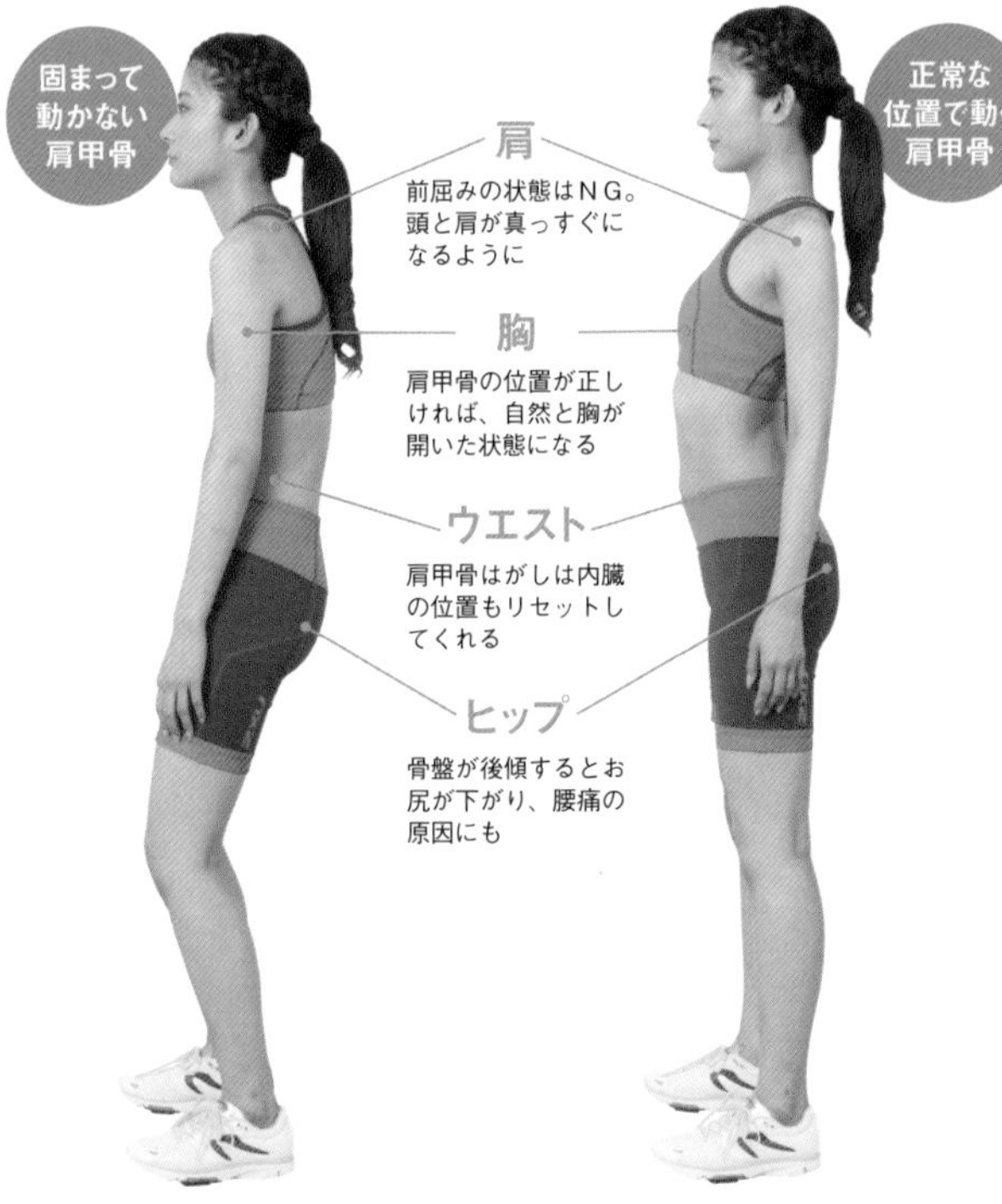
固まって
動かない
肩甲骨
正常な
位置で動く
肩甲骨
肩
前屈みの状態はＮＧ。
頭と肩が真っすぐに
なるように
胸
肩甲骨の位置が正し
ければ、自然と胸が
開いた状態になる
ウエスト
肩甲骨はがしは内臓
の位置もリセットし
てくれる
ヒップ
骨盤が後傾するとお
尻が下がり、腰痛の
原因にも

メリット2 体のバランスが整い姿勢が良くなる

人間の体はそれぞれの部分が互いに関係し合って、バランスを取っています。ある部位に凝りや痛みを感じる場合でも、その原因は症状が出た場所以外にある場合も少なくはありません。肩甲骨は肩、腕はもちろん、首や胸、脇、腰などの筋肉とつながっていて、全身に影響を与えます。肩甲骨はがしで肩周りの筋肉をほぐし、可動域を広げると、胸、腰の骨や筋肉も正しい位置にリセットされて、姿勢まで良くなるのです。

写真(右)のように肩甲骨が正しい位置にあると、頭から首、肩、腰、かかとが一直線に結べる姿勢になります。一方、写真(左)のように肩甲骨が外側に開いて固まってしまうと、肩が前に出て、腰は下がり、バランスの悪い立ち方になってしまいます。肩甲骨をリセットできれば、胸椎、骨盤へと体の重さが無理なく伝わる姿勢になり、自然な動作ができるようになるのです。

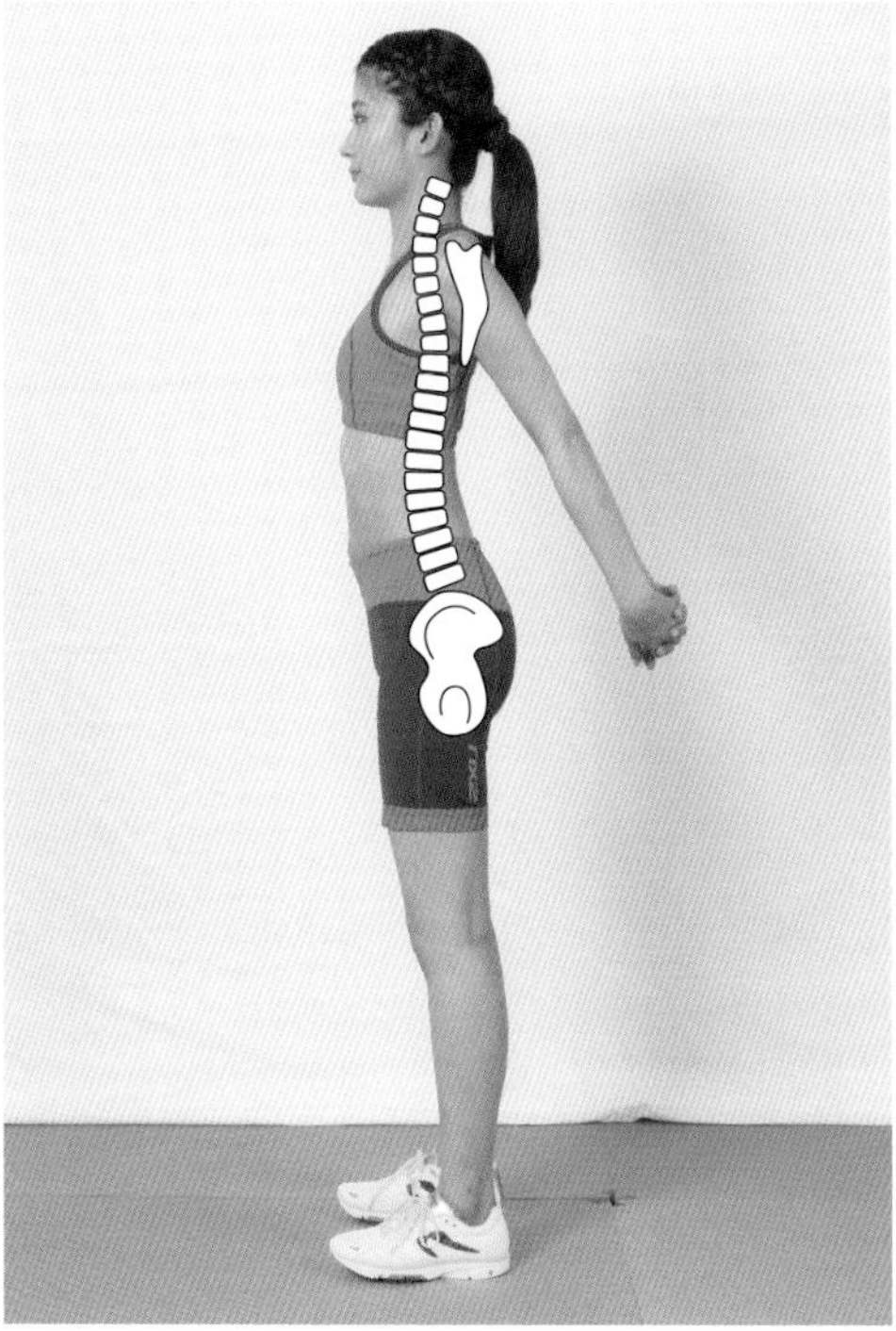

肩甲骨を正しい位置に戻すポーズ

肩甲骨を正しい位置に持ってくると、胸椎、骨盤が連動して動き、背骨も本来の正しいアーチを描く。この状態で動くと、これまでよりも小さな力で動けるようになる

メリット3 新陳代謝が良くなって疲れにくくなる

肩甲骨はがしは、体の凝りや痛みだけでなく、疲れやすい、だるいといった慢性的な体の不調を改善する効果もあります。

肩甲骨が正しい位置にリセットされると、これまであまり使われていなかった筋肉が動き出し、血管も本来の役割を十分に果たすようになります。前屈みの悪い姿勢では、肋骨や骨盤がゆがみ、内臓が下垂したり、圧迫されたりして新陳代謝に悪い影響を及ぼしてしまいます。

肩甲骨はがしストレッチは肩甲骨に意識を置いて行いますが、これは、肩甲骨から胸椎、骨盤を通じて全身のバランスや姿勢を合理的に整えるものです。

正しい姿勢は、筋肉や関節、更に内臓の動きもスムーズにします。正しい姿勢が得られれば、体に無理な負荷を掛けずに済み、日常生活において疲れも感じにくくなるのです。

メリット4 たるんだ体を改善しスタイルアップする

姿勢に大きな影響を与える肩甲骨の位置をリセットすれば、スタイルアップ効果も得られます。地球上に住んでいる人類がどうしても避けて通れない重力は、体のたるみの天敵です。前のめりの姿勢で過ごすのと、正しい姿勢で過ごすのとでは、この〝たるみ具合〟が変わってくるのです。

肩甲骨が外側に引っ張られている、前屈みの姿勢の人は、胸の位置も低く、下垂した内臓でお腹も出て、更に骨盤が後傾してお尻も垂れているように見えてしまいます。

この状態が続くと、内臓の調子、血液や内分泌の循環が悪くなり、代謝も落ちるという悪いサイクルに入ります。胸もお腹もお尻もどんどんその形が定着していってしまうのです。人前で意識している間だけ姿勢を正していても、無意識な時間の方が長いわけですから「焼け石に水」でしょう。

肩甲骨の位置をリセットできれば、無理に気を付けなくても、自然に正しい姿勢で過ごせるようになるわけですから、一石二鳥です。前屈みの「猫背」は解消され、胸は前に出て、下腹のぽっこりお腹も改善、お尻もキュっと上がってスタイルアップ。血流や代謝が良くなれば、痩身効果も更にアップされ、姿勢に合わせて体もどんどん変わっていくのです。

体脂肪が燃えやすく太りにくい体に

筋肉を使わずにいると体が硬くなるばかりか、内臓の機能も低下し、新陳正しい姿勢でエクササイズを行えば、軽い運動でも脂肪が燃焼し、痩身効果が期待できる。肩甲骨周辺に多くあるといわれる褐色脂肪細胞を刺激すれば、脂肪燃焼効果は更に高まる。普段から歩く時にも正しい姿勢をキープすることを意識しよう

代謝のサイクルが悪くなります。これでは一生懸命ダイエットしているつもりでも、一向にやせません。ダイエットを考えている人にも、代謝アップが期待できる肩甲骨はがしストレッチをおすすめします。

　肩甲骨の周辺には体を動かすのに必要不可欠な大きな筋肉が密集しています。可動域を広げ、筋肉を使うだけでも代謝アップにつながるのですが、近年の研究では肩甲骨周りには脂肪燃焼を促進する〝褐色脂肪細胞〟が多くあることが分かっています。肩甲骨を動かすことで褐色脂肪細胞が刺激され、体温が上がり、脂肪が燃焼する「太りにくい体」になれるのです。

伸ばすのではなく伸ばされる感覚をつかもう

従来のストレッチとの違い

あなたはストレッチと聞いてどんなイメージを持つでしょう?「体が硬いから少し無理している」「痛いのを我慢して伸ばさないと」といったようにストレッチには「痛くなければ伸びていない」という感覚を持っている人も多いと思います。

肩甲骨はがしストレッチを始めるに当たって、こうした誤ったイメージは捨ててください。

肩甲骨はがしストレッチでは、「伸ばす」感覚よりも「伸ばされている」感覚を大切にします。無理な負荷を掛けず、自分の体の重み、つまりは重力によって、体が行きたい方向に自然に引かれて「落ちていく」感覚でリズミカルに繰り返し行うのが理想です。

従来のストレッチのように反動を付けたり、力を込めたりして「伸ばそう」としない。あくまで体が向かいたい方向に自然に「伸ばされる」感覚でリズミカルに繰り返し行うことがポイント

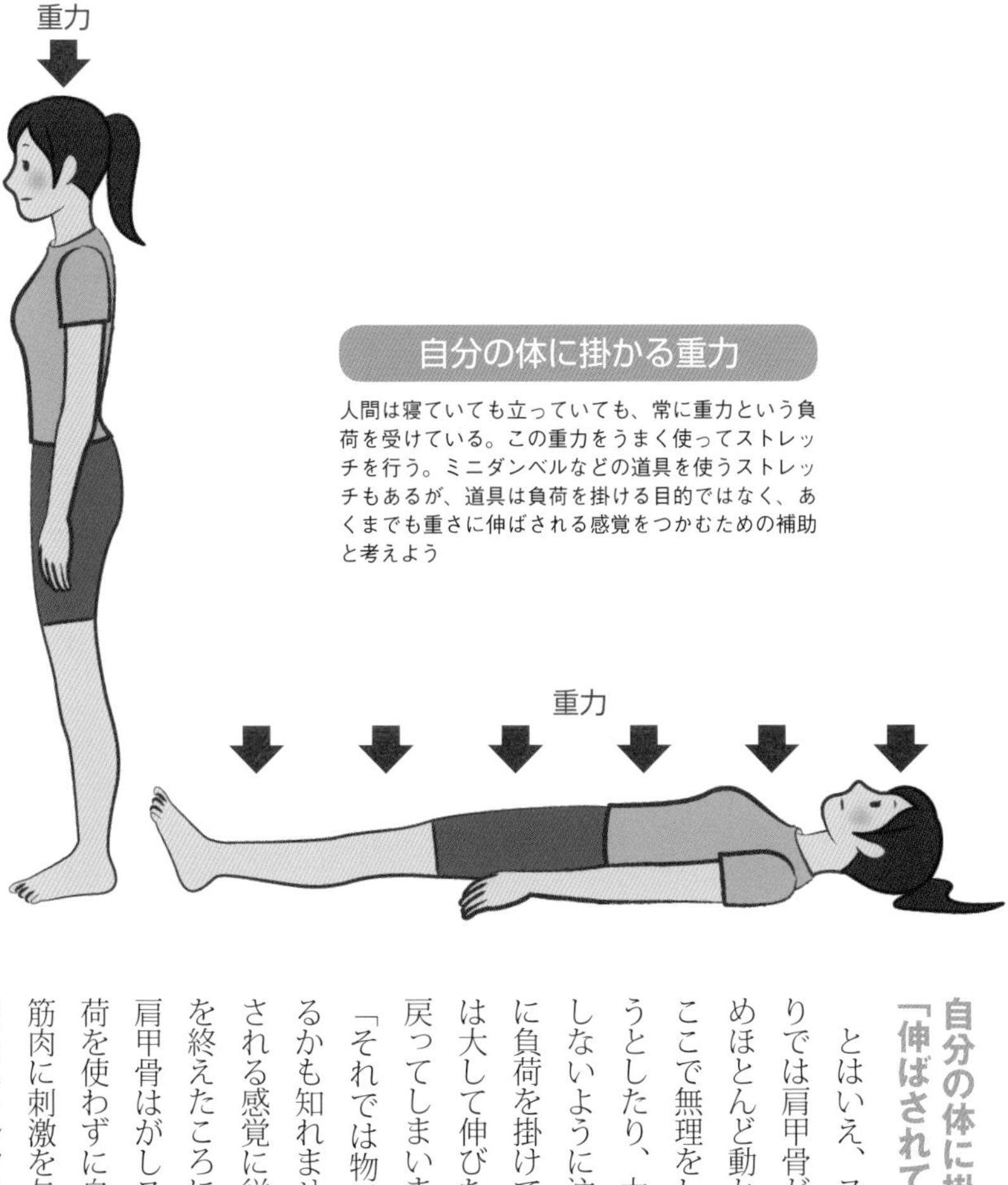

自分の体に掛かる重力

人間は寝ていても立っていても、常に重力という負荷を受けている。この重力をうまく使ってストレッチを行う。ミニダンベルなどの道具を使うストレッチもあるが、道具は負荷を掛ける目的ではなく、あくまでも重さに伸ばされる感覚をつかむための補助と考えよう

自分の体に掛かる重力に「伸ばされている」感覚で

とはいえ、ストレッチを始めたばかりでは肩甲骨が、まだ固まっているためほとんど動かないかも知れません。ここで無理をして反動を付けて伸ばそうとしたり、力を入れて引っ張ったりしないように注意してください。無理に負荷を掛けて伸ばしても、筋肉と腱は大して伸びないばかりかすぐに元に戻ってしまいます。

「それでは物足りない」という人もいるかも知れませんが、ゆっくり、伸ばされる感覚に従っていてもストレッチを終えたころには汗がにじんできます。肩甲骨はがしストレッチは、反動や負荷を使わずに自然な形で肩甲骨周りの筋肉に刺激を与えて、動かすことのできるストレッチなのです。

CHAPTER 1 07

全身の主な骨と筋肉

前面 骨／筋肉

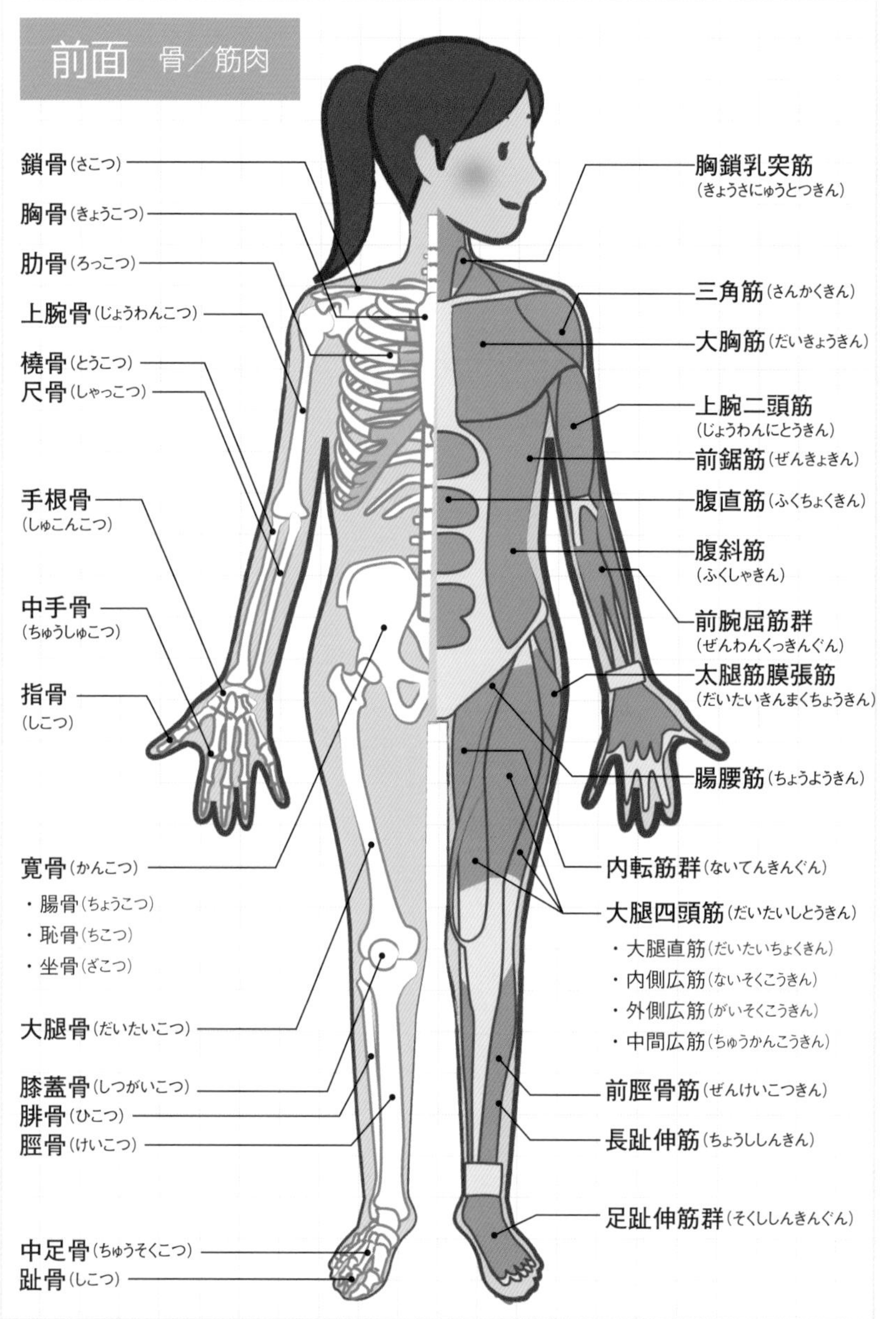

鎖骨(さこつ)
胸骨(きょうこつ)
肋骨(ろっこつ)
上腕骨(じょうわんこつ)
橈骨(とうこつ)
尺骨(しゃっこつ)
手根骨(しゅこんこつ)
中手骨(ちゅうしゅこつ)
指骨(しこつ)
寛骨(かんこつ)
・腸骨(ちょうこつ)
・恥骨(ちこつ)
・坐骨(ざこつ)
大腿骨(だいたいこつ)
膝蓋骨(しつがいこつ)
腓骨(ひこつ)
脛骨(けいこつ)
中足骨(ちゅうそくこつ)
趾骨(しこつ)
胸鎖乳突筋(きょうさにゅうとつきん)
三角筋(さんかくきん)
大胸筋(だいきょうきん)
上腕二頭筋(じょうわんにとうきん)
前鋸筋(ぜんきょきん)
腹直筋(ふくちょくきん)
腹斜筋(ふくしゃきん)
前腕屈筋群(ぜんわんくっきんぐん)
大腿筋膜張筋(だいたいきんまくちょうきん)
腸腰筋(ちょうようきん)
内転筋群(ないてんきんぐん)
大腿四頭筋(だいたいしとうきん)
・大腿直筋(だいたいちょくきん)
・内側広筋(ないそくこうきん)
・外側広筋(がいそくこうきん)
・中間広筋(ちゅうかんこうきん)
前脛骨筋(ぜんけいこつきん)
長趾伸筋(ちょうししんきん)
足趾伸筋群(そくししんきんぐん)

背面 骨／筋肉

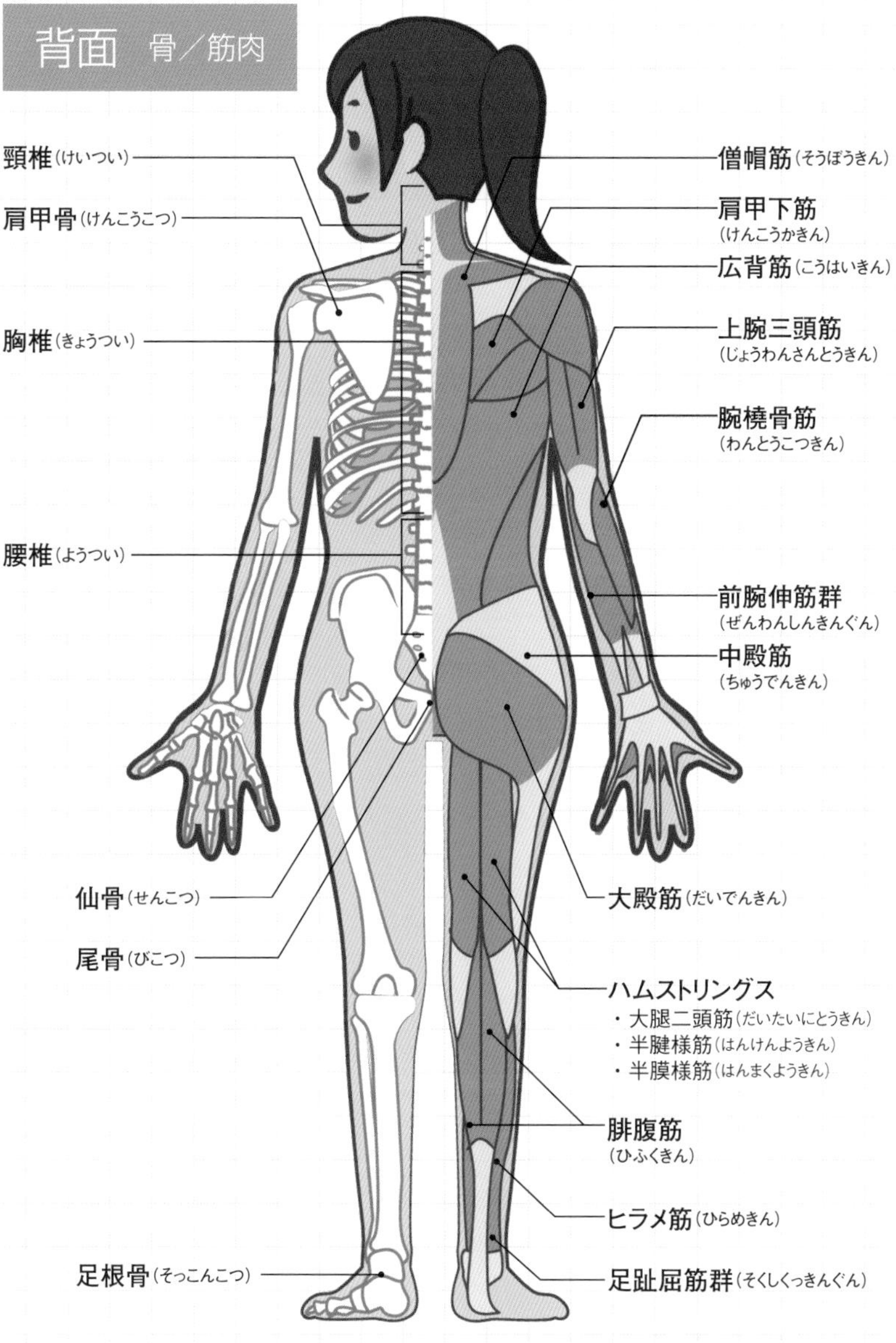
頸椎(けいつい)
肩甲骨(けんこうこつ)
胸椎(きょうつい)
腰椎(ようつい)
仙骨(せんこつ)
尾骨(びこつ)
足根骨(そっこんこつ)
僧帽筋(そうぼうきん)
肩甲下筋(けんこうかきん)
広背筋(こうはいきん)
上腕三頭筋(じょうわんさんとうきん)
腕橈骨筋(わんとうこつきん)
前腕伸筋群(ぜんわんしんきんぐん)
中殿筋(ちゅうでんきん)
大殿筋(だいでんきん)
ハムストリングス
・大腿二頭筋(だいたいにとうきん)
・半腱様筋(はんけんようきん)
・半膜様筋(はんまくようきん)
腓腹筋(ひふくきん)
ヒラメ筋(ひらめきん)
足趾屈筋群(そくしくっきんぐん)

column 1

姿勢を正すと結果としてやせやすい体に変わっていく

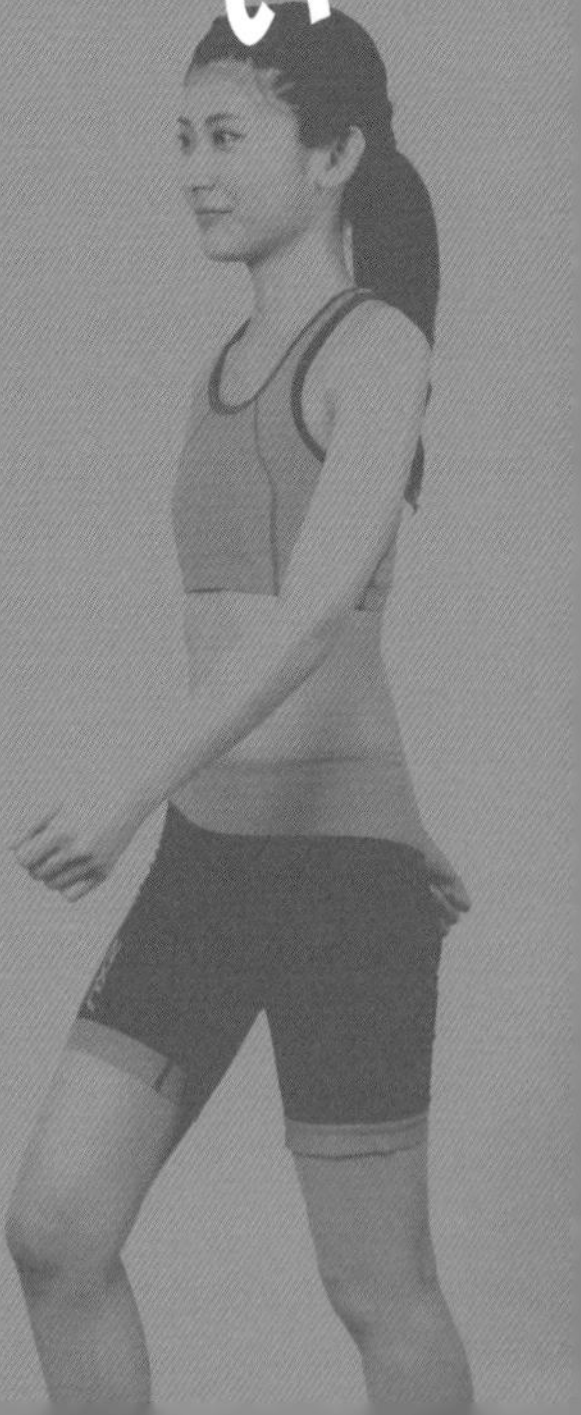

痩身効果も得られるストレッチ

肩甲骨や骨盤の周辺を伸ばすストレッチは「やせるためにする」ストレッチではありませんが、副次的な効果としてゆがみが取れてスタイルが良くなったり、代謝が良くなり脂肪が燃焼したり、臓器の位置が改善されてお腹がへこんだりします。ストレッチによって筋肉がほぐれ、肩甲骨と骨盤の位置が正しくリセットされると、結果的にあなたの体をやせさせる変化が起こり出します。

まず、目に見える一番大きな変化は姿勢の変化でしょう。肩甲骨と骨盤は、体の中心を貫く背骨と密接にかかわっています。肩甲骨と骨盤が適正なポジションに戻り、背骨が本来のアーチを描けば、正しい姿勢、つまり人間の体が持つ自然な姿勢が取れるようになります。肩甲骨も骨盤も複数の大きな筋肉とつながっているので、可動域が広がることで基礎代謝もアップします。日常生活や家事、ちょっとした運動でもやせやすい体を手に入れることができるのです。

最近、肩甲骨ストレッチは特にダイエット（痩身）の分野で注目を浴びています。その理由の一つが褐色脂肪細胞です。褐色脂肪細胞は食事などで体に取り込んだカロリーを効率よくエネルギーに変換して放出する働きがあるといわれている細胞のことです。肩甲骨付近にはこの褐色脂肪細胞が多く集まっていることが近年の研究で分かってきました。以前から肩甲骨を動かすストレッチにはリンパの流れを良くし、体のむくみを取る効果があるといわれていましたが、脂肪を燃焼しやすい体を作る効果が認められ、更に注目を集めているのです。

CHAPTER 2

不調を解消!
肩甲骨はがしストレッチ

あなたの体にとって肩甲骨がとても大切だということが分かっていただけたでしょうか？　ここからは、肩甲骨をはがすストレッチの実践編です。

肩甲骨の可動域を広げれば姿勢の良い、健康な体に変化していきますが、最も早く効果を体感するのは何といっても肩や首の凝り解消です。あなたを悩ませるつらい症状に直接的に効くのがこの肩甲骨はがしストレッチです。

それぞれのストレッチは、肩甲骨が動く6方向の動きと、それに連動する筋肉が自然と動くように考えられています。それでもストレッチの動作はどれも簡単なものです。難しいことを考えずに誰でもすぐに取り組んでいただけると思います。

自分の肩甲骨周りの柔軟性をチェックしよう!

あなたの肩甲骨の健康度は?

皆さんは、普段、肩甲骨のことを意識して生活をしていますか?

恐らく、しっかりと意識しながら生活をしている人は少ないでしょう。しかし、想像以上に肩甲骨は重要な部位です。その状態を確かめることで、あなたの体の健康度さえ、ある程度分かってしまうのです。

自分の肩甲骨は固まっているのか、それとも柔らかいのか。いきなり聞かれてもイメージできない方がほとんどでしょう。

自分の肩甲骨の状態を知るために最適なのが、これから紹介する肩甲骨の柔軟性チェックです。自分の肩甲骨がどこまで、どれくらいスムーズに動くのかを知ることは、自分の体が健康体であるかを計ることにもなります。いわば、健康のバロメーターともいえるでしょう。肩甲骨周辺の柔軟性をチェックして、どのくらい肩甲骨が固まっているのか、どのくらいの可動域を持っているのかを把握できれば、自分の弱点や改善すべき点も見えてきます。

また、このチェックは、簡単なストレッチになるので、本格的に肩甲骨はがしストレッチを始める前のウォーミングアップになります。

初めての人は、自分の肩甲骨の状態を知るために、また、既にストレッチを続けている人は達成度チェックに活用してください。

結果が見えない努力ほどつらいものはありません。モチベーション維持のためにも定期的に自分の可動域をチェックしましょう。

チェック 1

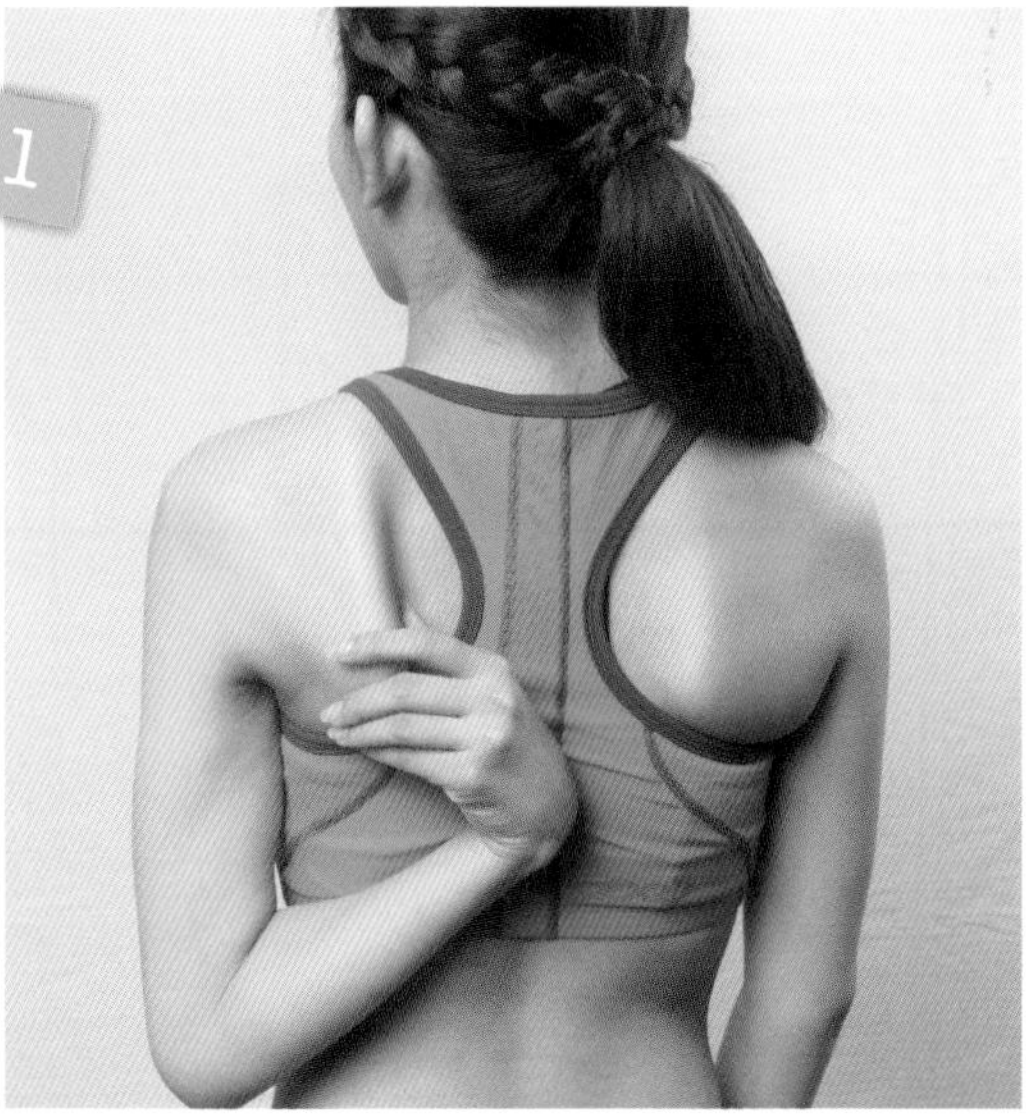

肩甲骨を触る

片手を背中側に回し、同側の肩甲骨を触る。肩甲骨の先端に触れれば OK だが、柔軟性が高まれば肩甲骨全体や上方までつかめるようになる。初めは無理をせず、まずは背中から肩甲骨が浮き出る感覚をつかもう

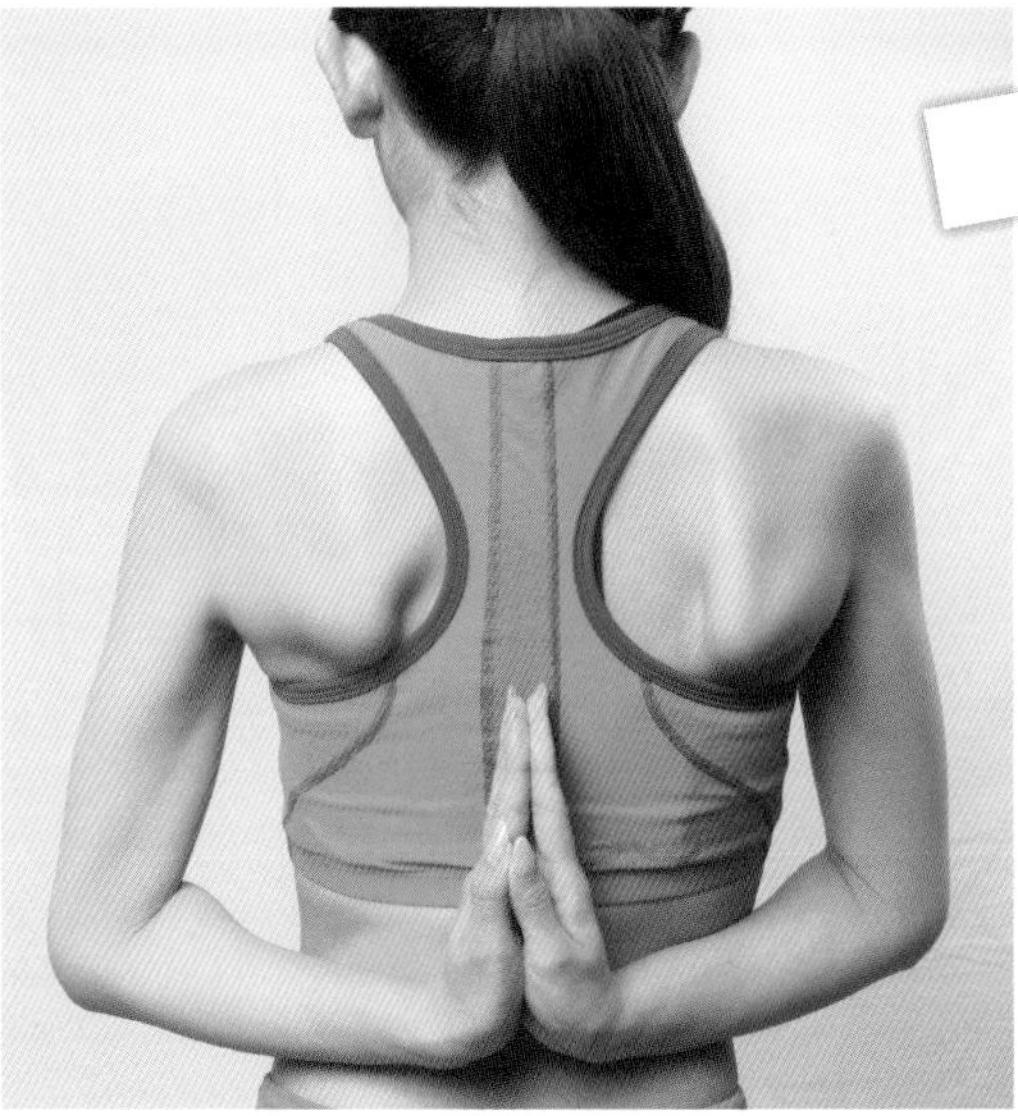

チェック 2

後ろで手を合わせる

両手を背中に回し、手のひらを合わせる。この時指先を上に向ける。柔軟性が高ければ、すき間を空けずに両手のひらをぴったり合わせられる。手を合わせながら、左右の肩甲骨を中央に寄せることを意識する

チェック 3 交差させた手を触る

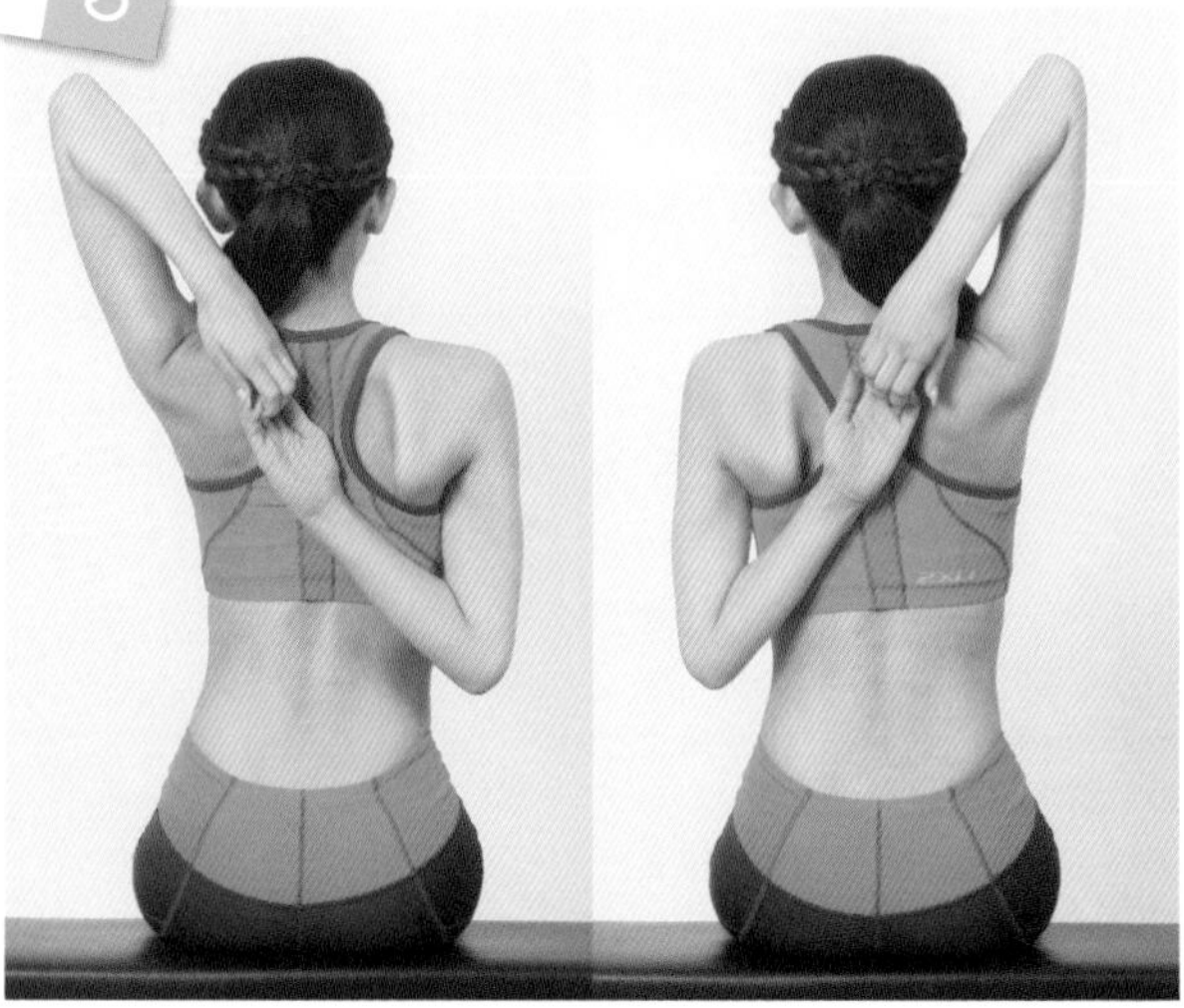

肩の上下から交差するように手を背中に回し、指と指が触れるかチェック。柔らかくなれば指を組んだり、手首をつかんだりもできる。肩甲骨の柔軟性には左右差があるので、左右両方で試して確認しよう

チェック 4 腕を上から背中へ回す

両手を上げた状態からひじを折り曲げ、片方の手が背中に届くようにもう一方の手でひじを押さえる。押さえる方の手でひじを強く押したり、引っ張ったりするのではなく、肩甲骨自体を軽く横に動かすイメージで、無理のないように行おう

チェック 5

指を組んで腕を頭上に伸ばす

両手の指を組み、手のひらが前を向くようにして、そのまま前に押し出す。肩甲骨の周辺が固まっていると筋肉が突っ張るような感覚がある。腕を伸ばしたまま手を上げていき、二の腕が自分の耳くらいまでスムーズに動けばOK

チェック 6

指を組んで腕を後ろに伸ばす

立った状態で、背中に両手を回し、親指が下を向くように指を組む。ひじが曲がらないように、真っすぐ後ろに伸ばしていく。左右の肩甲骨を中央に寄せる。組んだ手の位置ができるだけ高くなるようにしよう

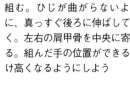

肩甲骨の可動域は誰でも広げられる

肩甲骨を動かせば固まった肩もほぐれる、緩む

体の柔らかさには個人差があります。しかし、「体が硬い」という人のほとんどは、何らかの原因で骨や関節、そして筋肉が固まった状態に陥り、本来の可動域を得られていないだけです。

関節や骨の周囲にある筋肉は、使われない、もしくは偏った使い方によって硬くなっていきます。そこで、これらの筋肉を効果的に動かしてほぐし、緩めることで骨や関節の可動域を広げようというのが、ストレッチの目的です。

固まってしまった筋肉は、本書で紹介するストレッチを繰り返すことでほぐれて、柔らかくなります。骨や関節の動きを制限していた筋肉が柔らかくなれば、可動域も広くなるのです。

肩甲骨はがしストレッチは、さまざまな角度から肩甲骨周りの筋肉にアプローチします。気を付けて欲しいのは、「無理に力を入れて〝伸ばそう〟としない」ことです。これから紹介するストレッチは、自分の体やミニダンベルの重みを利用して、体が〝伸ばされる〟のを感じながら行うのが特徴です。カバーや表紙の写真のように肩甲骨がぽっこりと浮き出た状態にしようとして、いきなり無理をするのは禁物です。

各メニューごとの回数も15～20回程度で十分。疲れるまでやる必要はありません。〝伸ばす〟意識が強いと体に余計な力が入って、ストレッチの効果が十分に得られないこともあります。肩甲骨はがしストレッチでは、〝伸ばされる〟感覚を大切に、痛くなる手前、心地よさを感じる程度の負荷で行うことを心掛けましょう。

特定の部位や負荷を意識しすぎない

　ストレッチを行う際にもう一つ気を付けたいのが、体の特定の部分に意識を集中しすぎないことです。

「腹筋を鍛えたければ腹筋に意識を集中させる」「どこの筋肉が伸びているか意識しながらストレッチする」

　こうした考え方は、トレーニングの効果を高めるうえでは確かに有効な方法です。とはいえ、肩甲骨はがしストレッチにおいては、肩甲骨を意識しすぎずに〝伸ばされている〟感覚をぼんやり感じる程度で行いましょう。

　また、ストレッチをする時に押さえる位置や組んだ指などに意識が集中しすぎてもいけません。そこに余計な力が入ったり、負荷が掛かったりして本来得られるはずの効果が薄れてしまう可能性もあります。それぞれのストレッチのやり方や姿勢、ポイントを確かめたら、できるだけ自然体で〝伸ばされている感覚〟に身を任せましょう。

　ストレッチの種目によってはミニダンベルやパイプなどの棒といった道具を使うものもありますが、これも負荷を高めたり、無理な力を加える目的で使用しているのではありません。

　ミニダンベルを使う理由は、重力の方向をより感じやすくするためです。ダンベルの重さによって普段はあまり感じることのない重力を感知しやすくしているのです。ですから、ダンベルはごく軽い物、水の入ったペットボトルなどでも代用可能です。ダンベルを持つというよりは、重力に逆らわず、重みに引っ張られる感覚をまずは体で感じてみましょう。

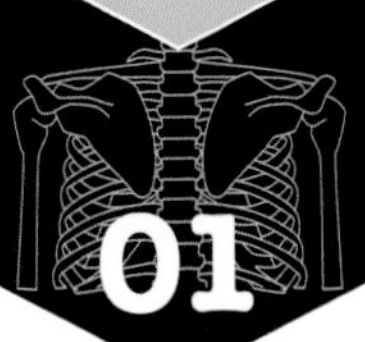

腕をついたポーズで 体を前後に動かす

肩甲骨を動かす第一歩はその動きを知ることから。少し高さのある台を利用して腕を固定することで、肩甲骨を押し出しやすくする肩甲骨はがしの基本メニューです。まずは前後の動きから始めましょう。

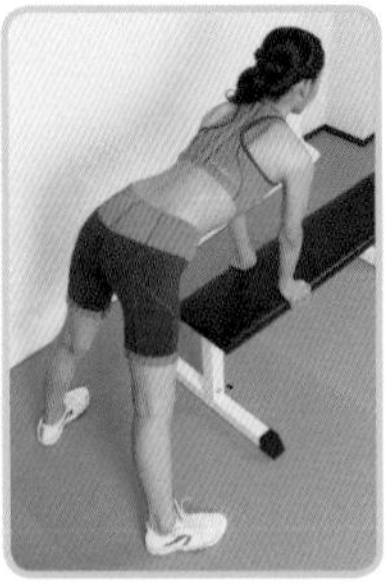

足は肩幅よりやや広いくらいのスタンスで開く。台にするベンチや椅子の幅は肩幅と同じくらいだと使いやすい

高さのある台で腕を固定する

ベンチや椅子などに手をついて腕を固定し、肩甲骨を出しやすい状態を作る。腰から体を折り曲げ、台と胴体が平行になるようにする。視線は前へ。

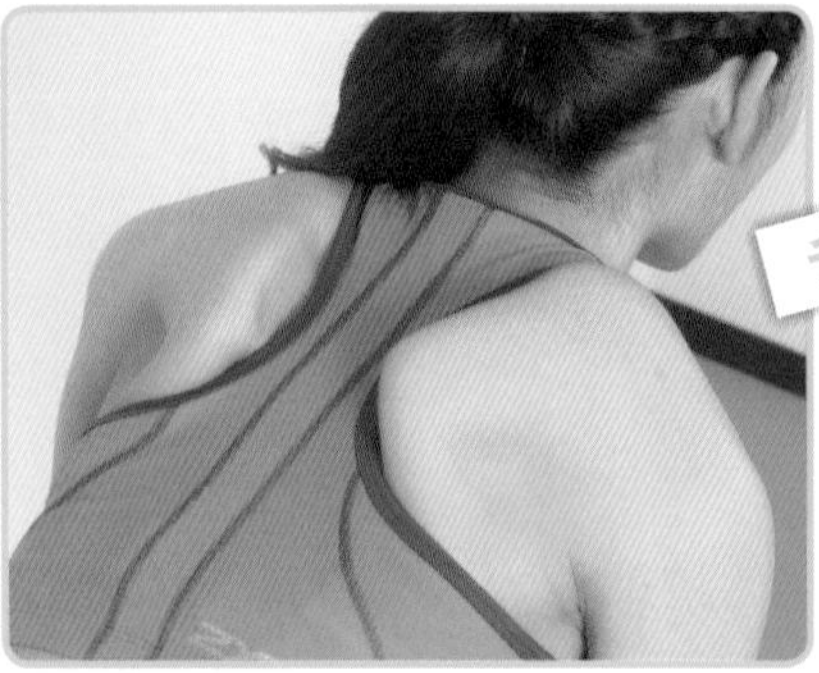

チェック

体を前に移動すると、肩甲骨は本来、このように浮き出る。ただし、肩甲骨を出すのを意識しすぎると力が入って肩が上がり、背中が反るだけになってしまう

椅子

Use items
これを使おう!

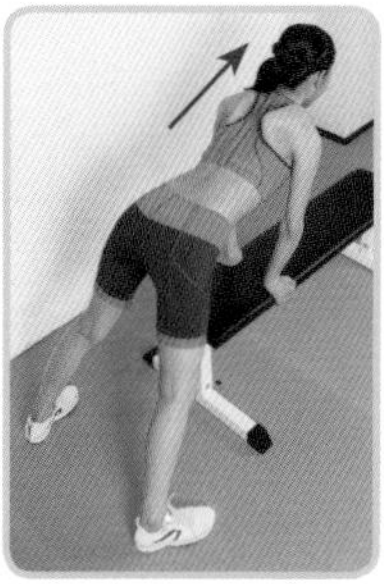

足幅、姿勢などはなるべく変えずに体を前に運ぶ。反動や無理な力を加えずになるべく脱力した状態で行う。15～20 回が目安

2

そのまま体を前に運ぶ

1の姿勢から前に乗り出すようにする。次にゆっくりと元の位置に戻り、これを繰り返す。こうすることで肩甲骨がほぐれて、動くのを感じよう。

この運動のポイント
腕を固定して脱力しながら、体を前後に動かそう

02 腕をついたポーズで 体を左右に動かす

次は体を左右に動かして肩甲骨周りをほぐすストレッチです。38～39ページの前後の動きと共に最も初歩的なものになります。肩甲骨の動きを感じられない人は、まずこの二つのメニューで感覚をつかみましょう。

1

左右に動く際に不安定だと感じたら、少し広めに足を開く。つま先をやや外側に向けると更に安定する

台をしっかりつかんで支える

上半身を左右に動かすので、よろけたり、ブレたりしないように、ベンチや椅子など台にする物をつかむ。台もしっかり固定できる物を用意する。

2

腰から右に加重すると左足が浮いてしまうなど不自然な姿勢になる。右肩から動き出すことを意識する

姿勢を崩さず右へ移動

38 ～ 39 ページと同様に手をついた姿勢から体全体を右側に移動させる。できるだけ姿勢は崩さず、平行に移動するイメージで行う。

椅子

Use items
これを使おう!

3

体を右から左に移動

2の姿勢から体を左に移動。左肩に引っ張られるようにゆっくりと行う。肩や背中をいかにリラックスして行えるかがポイントになる。

後ろ

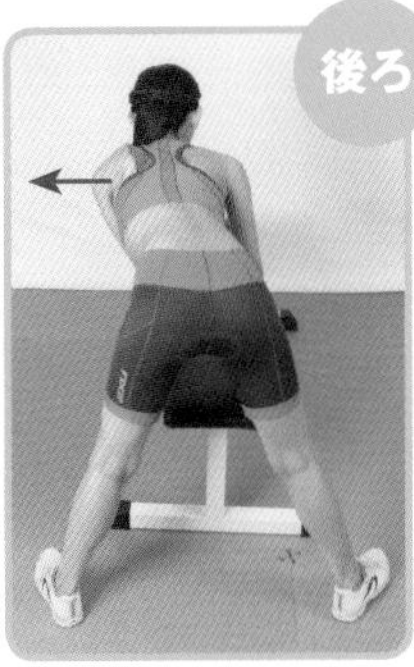

右に動く時と同様に姿勢を崩さずに移動。できるだけ上下動がないように注意して、反動を付けずにそのままゆっくりと左へ。これを繰り返す

肩甲骨はがしの基本となる前後左右の動き

前後左右に動かすことで、固まっていた肩甲骨が徐々に動き出します。複雑な動きの前に前後左右の可動域を広げる動きを徹底しましょう

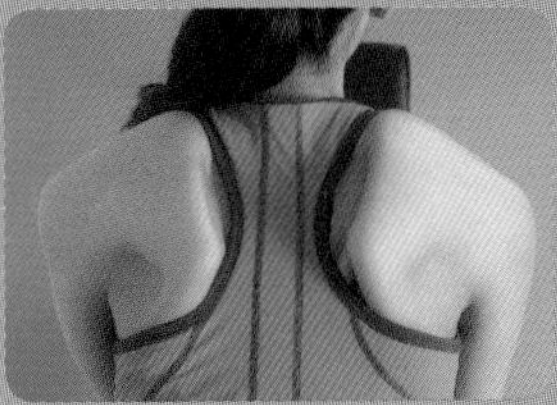

この運動のポイント

肩から動いて体が左右に移動する感覚をつかもう

03

肩甲骨を軸に 腕を後ろに回す

素手バージョン

脱力した腕を下に

ひざを立ててベッドにあおむけになり、片方の腕を上に伸ばす。次に腕を後ろ回しで回す。脱力した腕を下に落としていく感覚で、肩甲骨ごと円を描く。

※ベッドが低い場合はマットやクッションなどで高さを調節する

肩甲骨を基点に腕を回す動作です。ベッドから肩甲骨部分をはみ出させて行い、肩甲骨が胴体から離れて動いている感覚をつかみます。肩甲骨を腕の一部とイメージして根元から大きく回しましょう。

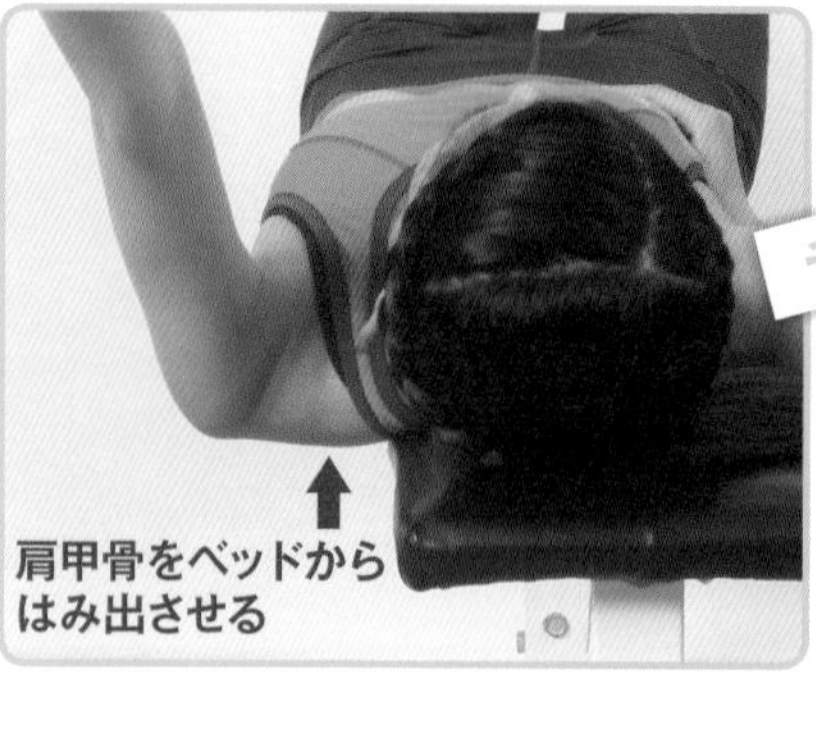

チェック

背中全体をベッドにつけるのではなく、回す方の肩甲骨部分がはみ出すようにする。肩甲骨が抑えらないため、動きもよく分かり、可動域も広がる

ベッド

Use items
これを使おう!

ダンベルバージョン

ダンベルで重力を感じる

ミニダンベルを持ちながら同じ動きを行うと、重力の効果で腕を下に落としていく感覚がつかみやすい。筋力アップが目的ではないのでダンベルも軽めの物で構わない。

※ダンベルを顔や体の上に落とさないように注意して行う

この運動のポイント

グルグル回すのではなく、腕を下に落とす感覚で行う

04

肩甲骨を軸に 腕を扇状に動かす

ダンベルを両手に持ち、顔の前から頭の先まで扇状に動かす。腕を下ろす時はダンベルの重さを利用して腕をできるだけ後ろに倒そう。このメニューは肩甲骨と連動する背中の筋肉に対する効果も高いものです。

1

腕を伸ばしてダンベルを持つ

ベッドであおむけの姿勢で行う。両手でダンベルを持ち、視線の位置で真っすぐに伸ばす。ダンベルは親指と人差し指で挟むように持ち、力は入れすぎない。

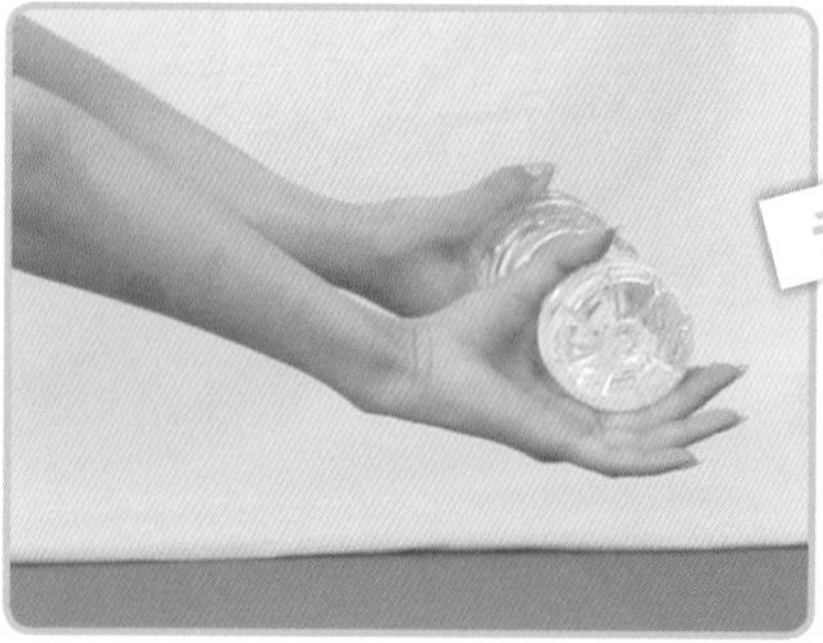

チェック

ダンベルは、両手でつかめる長さが必要。あくまでも腕を後ろに倒すためのものなので、重さはそれほど必要ない。水を入れたペットボトルなどでも代用可能

ベッド

Use items
これを使おう!

2

反動を利用してリズムよく動く

ダンベルの重さを利用して腕を後ろに倒したら、１の姿勢に戻す。肩甲骨と背中の筋肉が動いているのを確認しながら、可動域いっぱいまで後ろに倒す。

※ダンベルを落とさないために
あまり強い反動は付けないこと。

この運動のポイント

肩甲骨周りと背中の筋肉が伸ばされるイメージで

05

肩甲骨を軸に 両腕で羽ばたく

伸ばした腕を側面に倒して、ゆっくりと大きく羽ばたくように動かし、肩甲骨の内転・外転の動きを促します。ベンチが最適ですが、ストレッチポールや背もたれの幅が狭いリクライニング式の椅子でも行えます。

ひじを伸ばして腕を上げた状態からスタート。手の甲側に向かってそのまま真っすぐ倒していく

1

両腕を胸の前に伸ばす

あおむけで腕を胸の前に伸ばし、両手の甲を外側に向ける。ひじは曲げずに腕は真っすぐ。指先は脱力した状態を保つ。頭はベッドにつけたまま視線は天井に。

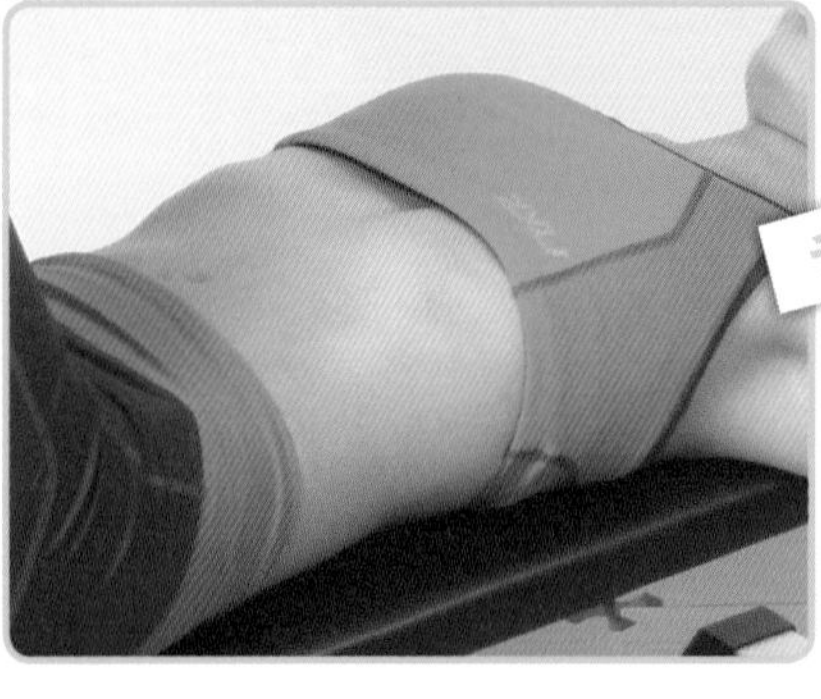

両腕を広げて下ろす時は、胸をしっかり開くことを意識して行うようにしよう

Use items
これを使おう!

手が肩と水平になる付近で手を返し、背面よりも更に腕が下がるように開いていく

2

腕をできるだけ背面側に開く

伸ばした腕を体の正面からゆっくり側方に開いていく。水平付近まで開いたら手の甲を上に返して更に開いていく。下まで行ききったら、同じ要領で上に引き上げる。

この運動のポイント

手の甲の向きをしっかりと切り替えて腕を開こう

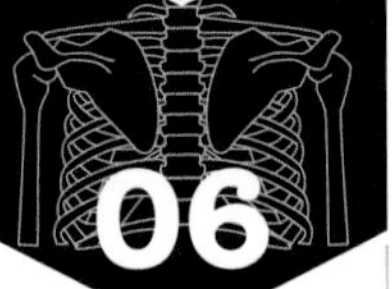

06

両腕を曲げながら ひじを背面に下げる

ひじが曲がる動きで左右の肩甲骨を中央に寄せるストレッチ。あおむけで行うと重力がプラスされるため、腕を引くというより重力で真っすぐ落とす形になります。胸を張って肩甲骨をしっかり寄せます。

握った手を上から下へ

素手で行う場合は両手を軽く握り、ひじを伸ばした状態でスタート。腕の力を抜いてひじを下に落とす。胸を張るようにして更にひじを下げる。

素手バージョン

×

両腕を内側に倒すように曲げてしまうと、重力がひじに掛からず効果がない

×

ひじが開いて腕が外側を向いてしまっている。これでは肩甲骨を寄せることができない

○

重力をひじにしっかり伝えるために、両手は真っすぐ下に落としてくる

Use items
これを使おう!

ダンベルバージョン

ダンベルの重さでひじを下げる

ダンベルを両手に持って腕を下ろす。素手ではブレやすい腕の動きが、ダンベルの重さで下向きに安定する。重力を活用してストレッチ効果を高める。

この運動のポイント

ひじに重力をしっかり伝えて、肩甲骨を寄せきろう

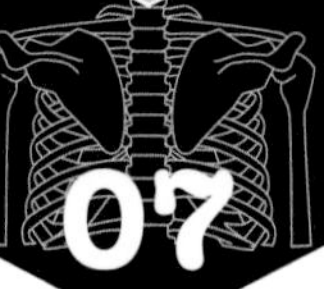

07

ひじの角度を保ったまま

横方向に腕を下げる

横になった姿勢で、ミニダンベルの重さを使い、ひじを下に落としていきます。ひじや腕のどこかに力を入れて動かすのではなく、重力の働く方向に任せます。余計な力が抜けた方が肩甲骨は動きやすくなるのです。

1

ひじを少し曲げてダンベルを持つ

ベッドに横向きに寝て体を安定させる。体の上側の腕を上げ、ひじを少しだけ曲げて片手でダンベルを持つ。曲げたひじの角度が変わらないように注意する。

ダンベルを使う理由

筋力トレーニングにならないように注意

ダンベルを使うため、重さに逆らって手を上げる動きに意識が行きがちだが、ダンベルはあくまでも重力を感じやすくするための補助的な道具。筋力トレーニングではないので、下に落とす時に重みで〝伸ばされる〟感覚だけを意識しよう。

ベッド

Use items
これを使おう!

2

ダンベルを下に落としていく

1の体勢からひじの角度をロックしたまま、ダンベルの重さに従って腕を下に落としていく。可動域いっぱいまで下がったら腕を戻して繰り返す。

この運動のポイント

ひじを曲げ、ダンベルの重さが導く方向に腕を動かす

08 直角にひじを曲げ 縦方向に腕を下げる

このストレッチもミニダンベルを重りにします。あおむけの体勢で直角に曲げた腕を頭の横に下ろします。上下動を繰り返しますが、あくまでも意識するのは下げる動き。肩甲骨周辺の動きを感じましょう。

1

ひじを直角に曲げてダンベルを持つ

あおむけになり、ひじを直角に曲げる。肩甲骨をはみ出させながら片手でダンベルを保持。頭の横、水平よりやや上の状態で手の甲を下に、ダンベルは横向きにする。もう一方の手はお腹の上に。

チェック

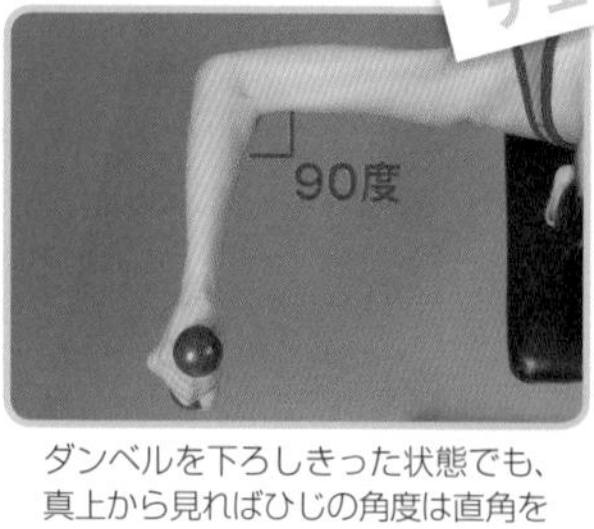

ダンベルを下ろしきった状態でも、真上から見ればひじの角度は直角を保っている

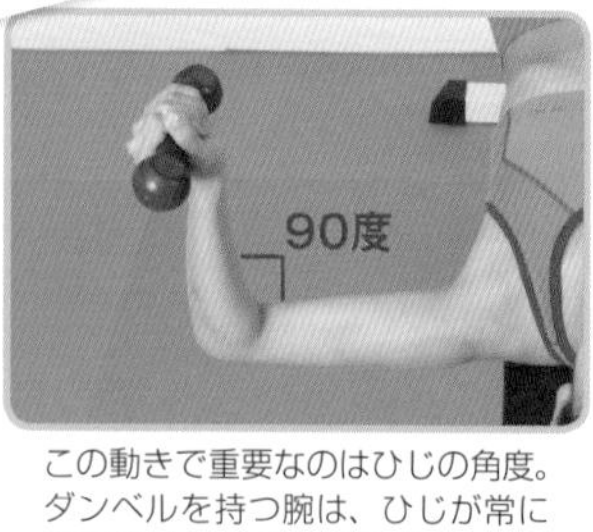

この動きで重要なのはひじの角度。ダンベルを持つ腕は、ひじが常に90度を保つように注意する

Use items
これを使おう!

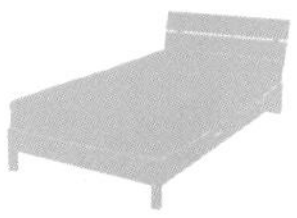
ベッド

2

肩甲骨の限界まで下に落とす

ダンベルの重さに任せて、手を下に落としていく。1の姿勢では横向きに持っていたダンベルが、下に行くにつれて縦向きになるのが自然な動き。この動きで上下動を繰り返す。

この運動のポイント

ひじを90度に保ち、ダンベルの向きも意識する

09

背面で手をつなぎ 片脚を倒し体をひねる

このストレッチは上半身と下半身のひねりで生じるエネルギーを生かして肩甲骨を動かします。自分自身で体の動きを制限することで背面全体を効果的に伸ばせます。体が伸ばされる感覚を意識しましょう。

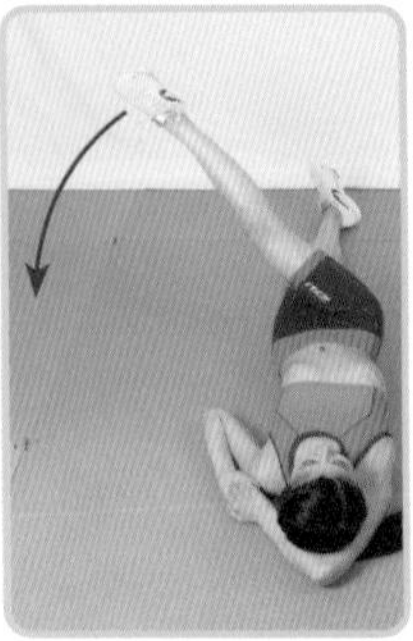

脚を上げたらもう一方の脚と交差するように内側に倒す。この時、上半身が横向きにならないように気を付ける

1

腕を固定し脚を上げて交差させる

頭の後ろに腕を通し、両手を指でしっかりとつなぐ。あおむけに寝た頭の下に上になる手のひじを固定し、片方の脚を逆脚と交差するように上げる。

チェック

片方の腕を上げ、ひじを折り曲げて、もう一方の手としっかりつなぐ。指同士を引っ掛けて、引っ張り合っても外れないようにする

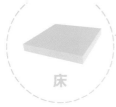

床

Use items

これを使おう!

下ろした脚は反対の脚と直角に、床につくまで持ってくるのが理想。頭の下にあるひじが浮かないように

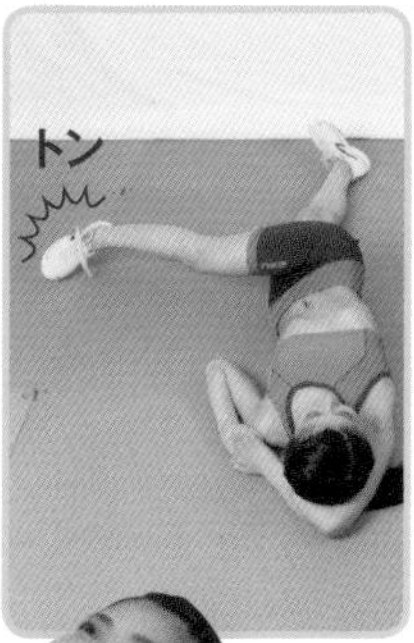

2

脚を下ろして体をひねる

上げた脚を内側に倒す。この時、下半身に引っ張られて上半身が動かないようにする。頭でひじを押さえることで、動かす脚と同側の背面が広範囲に伸ばされる。

この運動のポイント

頭でひじを押さえて固定。体をひねる力をうまく使う

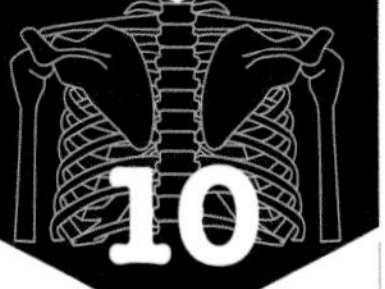

10

横向きに寝た姿勢で 腕を左右に大きく開く

横になり、手のひらを合わせた状態から両腕を大きく開きます。下半身（主に骨盤）をしっかり固定し、動きを制限することで、胸を開くのと同時に肩甲骨の動く感覚をより強く感じられます。

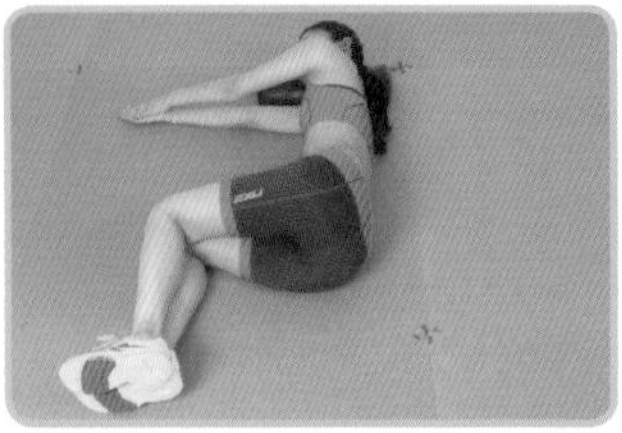

ひざからかかとまで、両足がしっかりそろっていることが大切。骨盤を固定して下半身を安定させる

1

ひざをそろえて横向きに

ひざを90度に曲げて横向きに寝る。足と足をぴったりくっつけ、骨盤が動かないように固定する。頭の位置を安定させるために枕を使うと行いやすい。

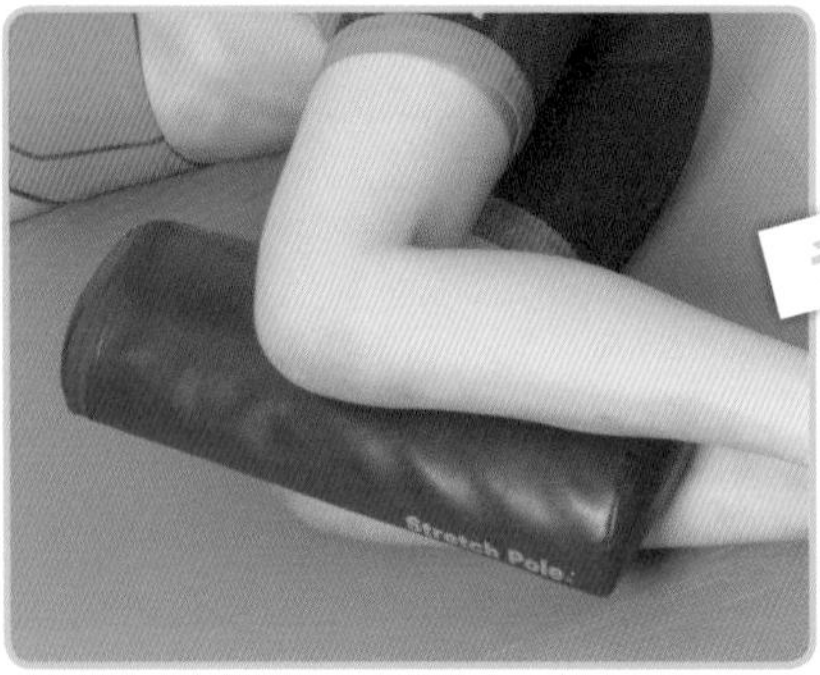

チェック

ひざが開いてしまう人は、クッションなどを挟むとバランスが取りやすい。写真のようにハーフストレッチポールなどを使ってもOK

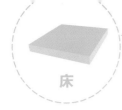

床

Use items

これを使おう!

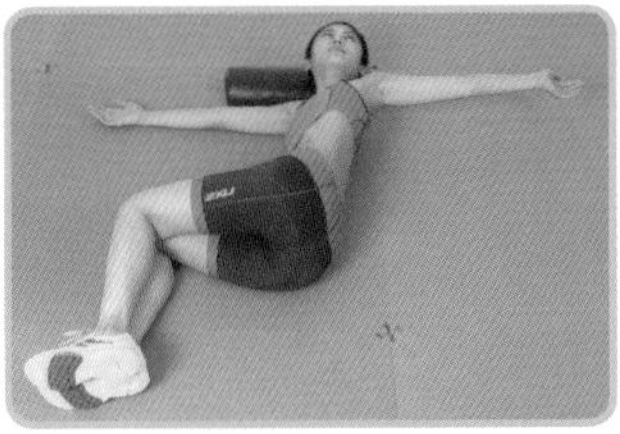

腕を広げて胸を開く際、下半身が引っ張られないようにしよう。下半身は基本的に形を変えない

2

腕を外側に大きく開く

骨盤を固定したまま、胸を開くイメージで腕を反対側に大きく開く。頭の位置も、開いていく手の先を目で追うようにして移動させていく。

この運動のポイント

腕だけを動かすのではなく肩甲骨から動かすイメージで

11

腕を固定する形で 壁に手をつき体を前傾する

壁のコーナー部分を利用して肩甲骨周辺をストレッチします。オフィスはもちろん、街灯や電車の手すりなどを使っても行えるメニューです。日々の生活でも身近な物を使って刺激を与え、柔軟性を高めましょう。

1

片手を壁に添える

壁のコーナー部分に真っすぐに立って、片手を壁に当てる。ひじは90度に曲げて肩の高さに合わせる。指先からひじまでが壁にぴったりつくようにする。

Use items
これを使おう!

壁

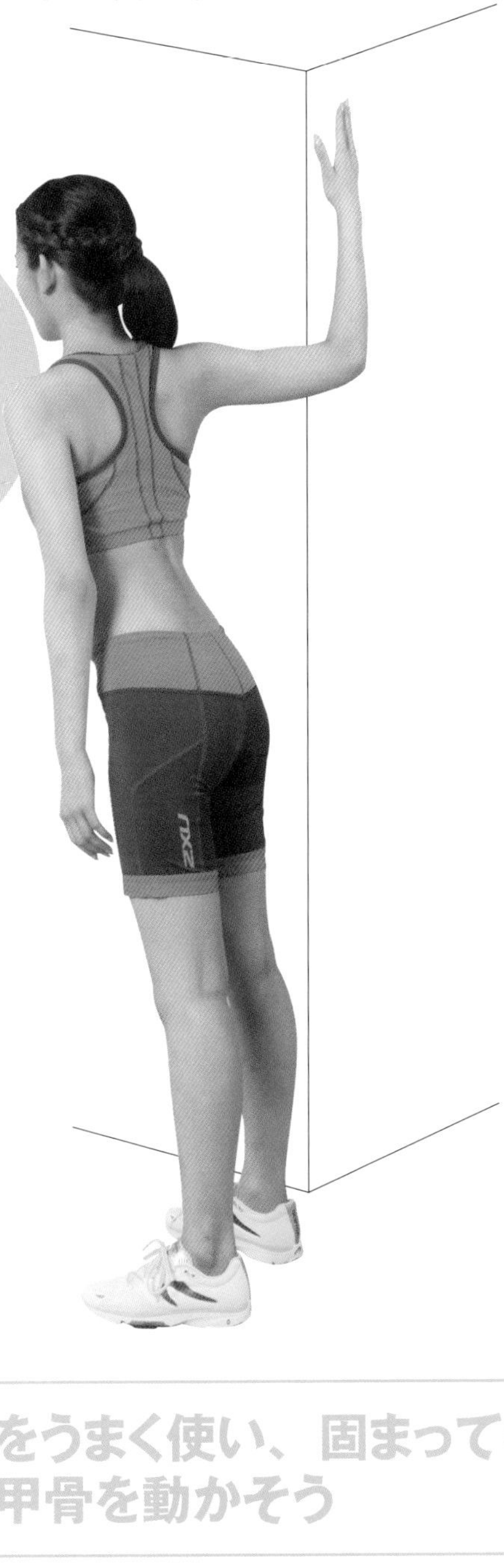

2

壁で腕を固定して体を前傾させる

腕は壁につけたまま、体を前傾させる。立っている位置は変えずに上半身をゆっくり前に倒し、壁側の肩甲骨が伸びているのを感じる。

この運動のポイント

壁をうまく使い、固まっている肩甲骨を動かそう

12

ひざをついた姿勢で
頭を下げ肩を押し込む

ベッドや椅子を使って、頭の位置を肩より低くすることで、肩甲骨周辺を伸ばしていくストレッチです。椅子の座面などによって腕の動きを制限することで首から肩、背中まで広範囲に効果が出ます。

1

ベッドに手を乗せひざ立ちになる

ひざをついてベッドや椅子に手を乗せ、上半身が真っすぐになるようにする。頭が前後しないように、視線はすぐ下の床に向ける。

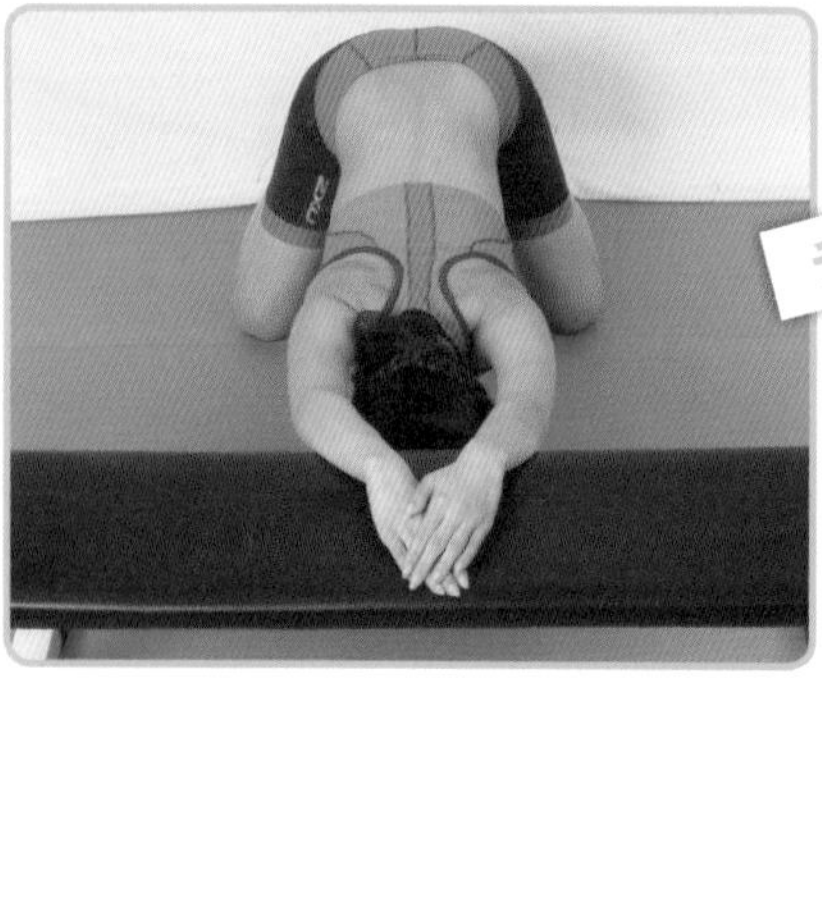

チェック

ベッドや椅子に添える手は、指を重ねるようにして置く。両手を重ね、腕で作った輪の中に頭を押し込みながら通すイメージでやってみよう

椅子　ベッド

Use items
これを使おう!

2

腕の間に頭を入れて下げる

両腕の間に頭を押し込むようにして下げる。両腕の高さを保ちながら、肩の位置や腰の位置が前後しないようにし、頭の位置だけを低くする。

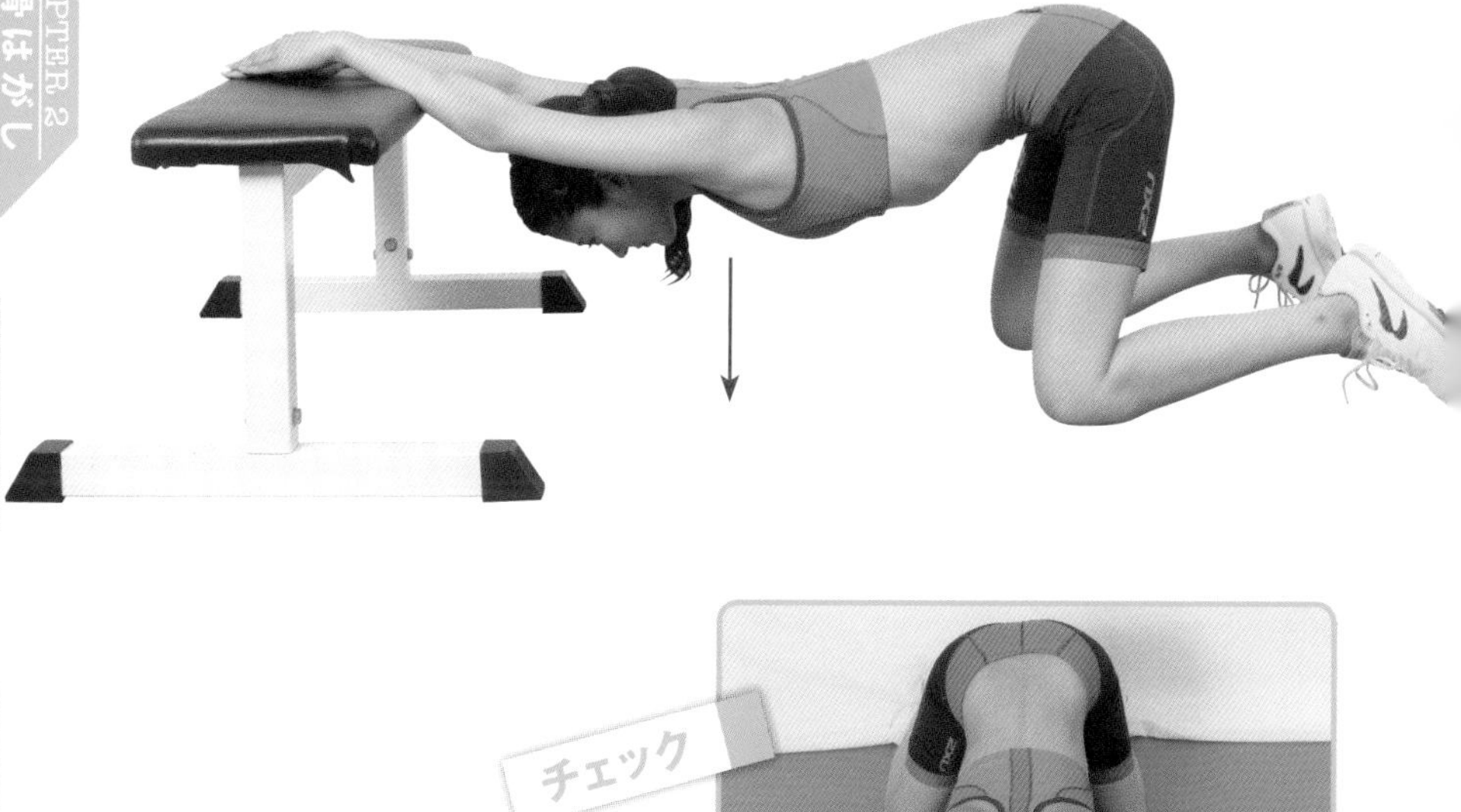

チェック

手を重ねておくと頭が下がらないという人は、手を離しておくと頭を下げやすい。ただし極端に広げすぎるとストレッチ効果がなくなるので要注意

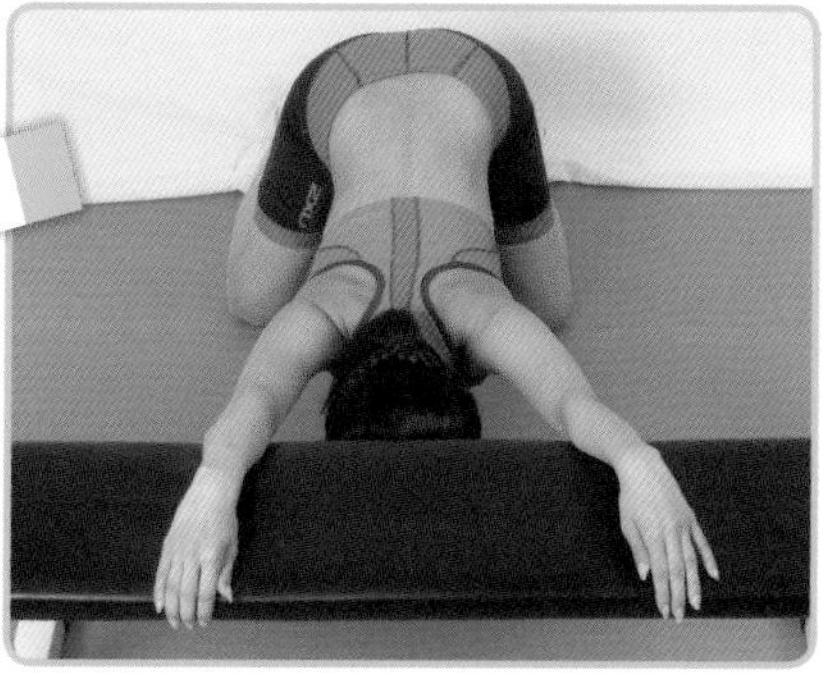

この運動のポイント

手と腰を結ぶ線は床と平行、一直線になるように意識する

肩甲骨編

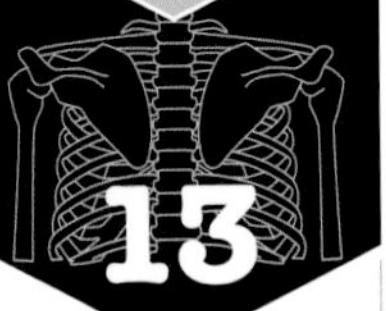

13

背面で両手の指を組んで上半身を前に倒す

直立の姿勢で指を組んだ腕を伸ばすストレッチは可動域チェックでもやりましたが、これは体を倒すことで更に柔軟性を高めるためのメニューです。苦しい人は無理せずタオルなどを使って行いましょう。

正面

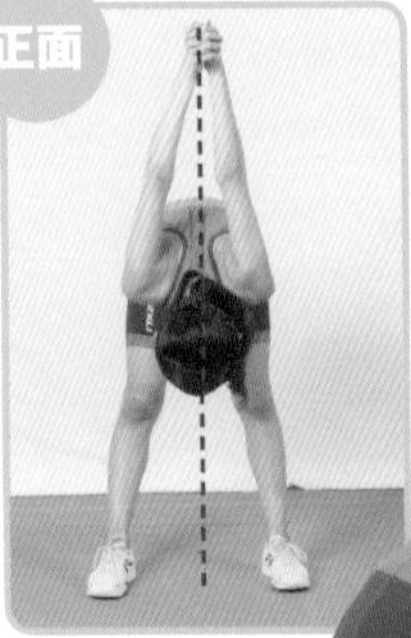

指を組んだ手と頭が直線でつながるポジションをキープ。左右にぶれると肩甲骨を均等に動かせない

1

両手の指を組んで前屈みになる

肩幅より広いスタンスで楽に立ち、両腕を背後に回して、指を組み、真っすぐに伸ばす。体との角度が90度になる位置まで腕を上げたら、体を前に倒す。

チェック

組んだ腕が窮くつで、なかなか前に出ないようならタオルなどを持って、手の幅を広げる。こうすることで比較的楽に前傾姿勢を作ることができる

Use items
これを使おう!

床

初めは組んだ腕を前に出すイメージで構わない。腕の重さで自然に体が前傾すれば柔軟性が高まった証拠

2

腕の重さを使い前傾を深める

前屈みの姿勢から腕の重さに従って、更に深い前傾姿勢を取る。組んだ腕が時計の針のように移動する。頭の位置も少し下がる。

この運動のポイント

なるべく勢いを付けずに腕の重さで自然に前傾させる

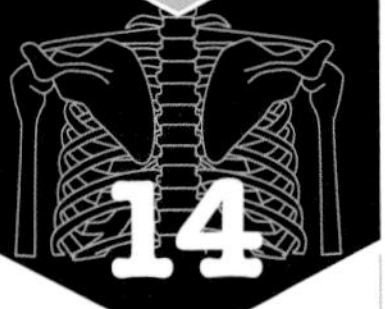

14 背後に腕を回し 台に手をついて体を下げる

肩甲骨の上への動きを「挙上」、内側への動きを「内転」といいますが、このメニューはその二つの動きを引き出すためのストレッチです。危険のないように、安定した場所を見付けて行いましょう。

高い位置バージョン

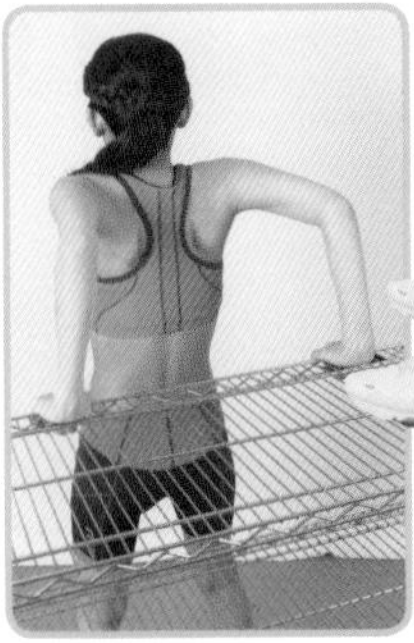

基本姿勢はひじが 90 度程度になる高さに調整する。低い分には問題ないが、高すぎると沈み込みづらくなる

高さのある台などを使う

肩甲骨の高さで背後に手をつき、体を下げる動き。ひじが 90 度になるくらいの高さが望ましい。足を少し前に出して、腰掛けるようにお尻を下げる。

沈み込む際はなるべく真っすぐ下に体重を落とすことを意識する。肩甲骨が動いていることを感じよう

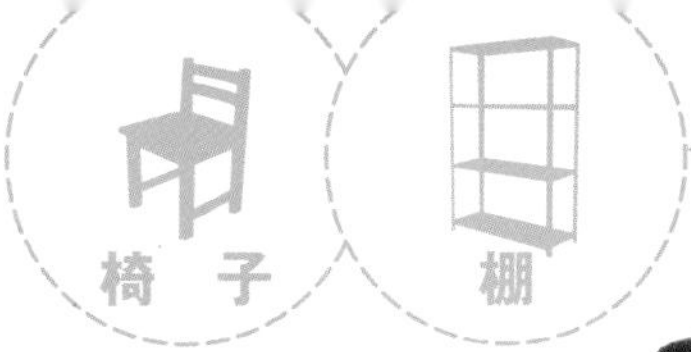

Use items
これを使おう!

低い位置バージョン（上級者向け）

低い位置で負荷がアップ

低い位置で行うと、体重が更に加わり、負荷が上がる。高い位置で行って、柔軟性が十分高まってから、低い位置で行うようにする。

この運動のポイント

棚に寄り掛かるのではなく、体を垂直に下ろすようにする

15 両腕を曲げて ひじを肩の高さに下げる

肩甲骨は上下左右にスライドするのに加えて上方と下方がそれぞれ外側に開くように回転する動きがあります。6方向にバランスよくアプローチするために、多様で、複雑な動きも加えていきましょう。

1

頭上に両腕を伸ばしダンベルを持つ

椅子に腰掛けて両腕を真っすぐ上に伸ばしダンベルをしっかりと保持する。座って行うことで骨盤が固定されるため、肩甲骨に意識を集中しやすくなる。

横

腕を上に伸ばした状態の時は、手の甲が外側を向くようにしておく

後ろ

この状態から腕を下げていく。肩甲骨が内側に寄っていく動きをしっかりと感じながら行おう

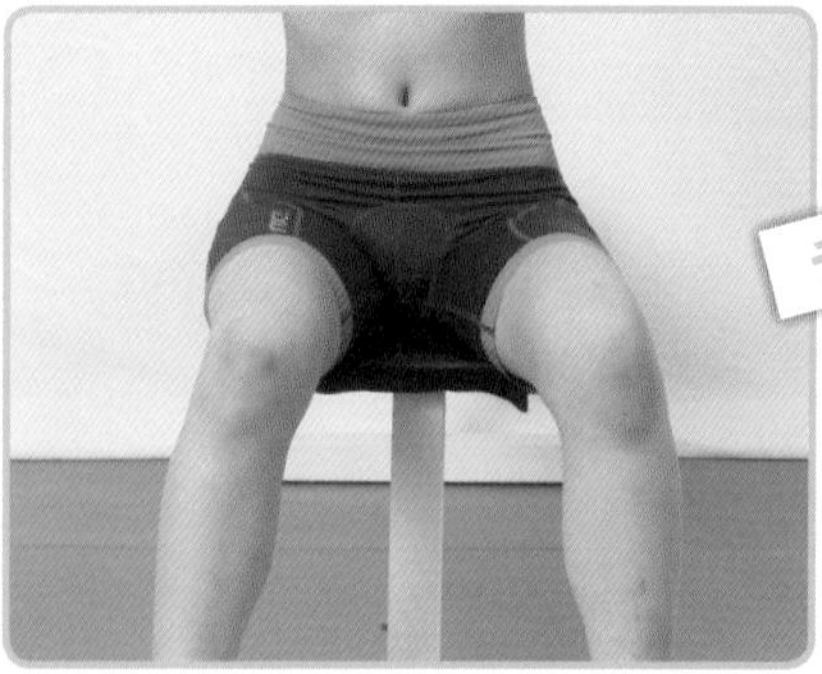

チェック

座った時、ひざをしっかり開くように意識する。ひざが閉じていると、下半身に余計な力が入るので注意。ひざを少し開き、楽な姿勢で、意識を上半身に集中させる

Use items
これを使おう!

椅子

2

腕を下げた時は、ダンベルがひじの真上で、耳の横に位置するようなイメージで角度を保とう

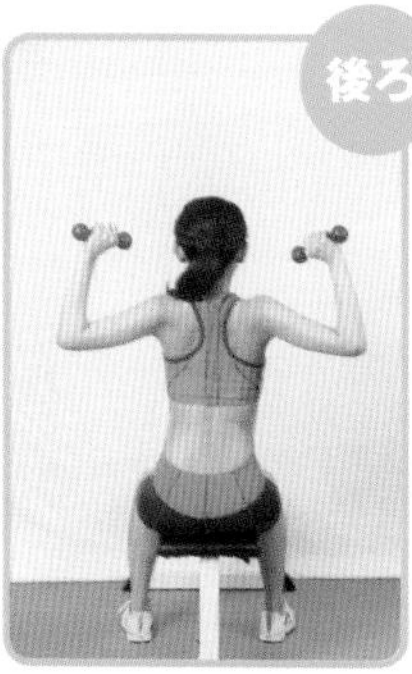

筋力強化が目的ではないので、腕の力に頼らないことが大切。手の甲を外側→内側に向ける切り替えに意識を置いてダンベルを上げ下げする

手の甲を内側にして腕を下げる

上にあったダンベルをひじが直角になるまで下げてくる。手の甲は外側を向いている状態から内側に切り替える。極力筋肉を使わず素早く往復させる。

この運動のポイント

手の甲の向きを意識してダンベルを上げ下げする

16

タオルを握った状態で 両腕を背面に引く

1

スタートポジションは頭の上にタオルが来るように。背中は真っすぐ伸ばし正しい姿勢で行う

タオルをピンと張り持ち上げる

椅子などに腰掛けた状態で両手にタオルの端を持ち、ピンと張って持ち上げる。両手の幅は肩幅の倍くらい。タオルが長すぎれば調整する。

チェック

「肩甲骨を寄せる」だが肩をすくめるような形になってはNG。肩の高さを変えずに肩甲骨を体の中央に集める感覚を養う

タオルの両端を持つことで肩関節の角度をキープして効果を高めます。ただし、肩甲骨以外の部分になるべく力が掛からないように注意。座って行うメニューは上半身の動きに意識を集中する意味もあります。

Use items
これを使おう!

椅子

下半身は固定したまま動かさない。腕を引く時に、胸を張るようにして少し前に出す

タオルを持った両腕を後ろに傾ける

タオルは張ったまま、両腕を背面に傾ける。体は後ろに倒さず、むしろ胸を少し前に出す。肩甲骨を体の中央に寄せるイメージでやってみる。

この運動のポイント

腕を引く時は胸を張りながら、肩甲骨を体の中央に集める

17

棒を担いで
座ったまま体をひねる

椅子に座り棒を担ぐ

手ごろな長さの棒を用意し、椅子に座った状態で肩に担ぐ。棒は曲がったりしなければホームセンターなどにある塩ビ製のパイプや収納家具の突っ張り棒など、軽い物でかまわない。

体を傾けて上半身を左にひねる

1の姿勢から体を右に向けるように、左肩を前傾させながらひねる。体の力で回るのではなく、棒が円を描く動きに体を従わせるイメージで。

肩甲骨はがしストレッチでは、自分の筋力で伸ばすのではなく、伸ばされている、ひねられている感覚を大切に。棒を担ぐことで余計な力を入れずに腕を支持でき、体がひねられる感覚だけが得られる。

棒　椅子

Use items
これを使おう!

3

体を反対側に傾けて右にひねる

次は体を左に向けるように、右肩を下にして体をひねる。棒がどこまで回転するかは柔軟性によるが、無理にひねろうとせず、棒の動きに従って左右のスイングを繰り返す。

×

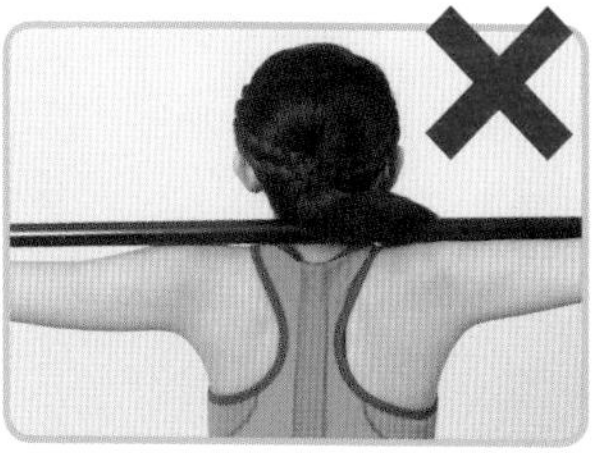

棒が肩の上、首にまで乗ってしまっている。これでは頭も前傾してしまい窮屈でストレッチの効果が得られない

○

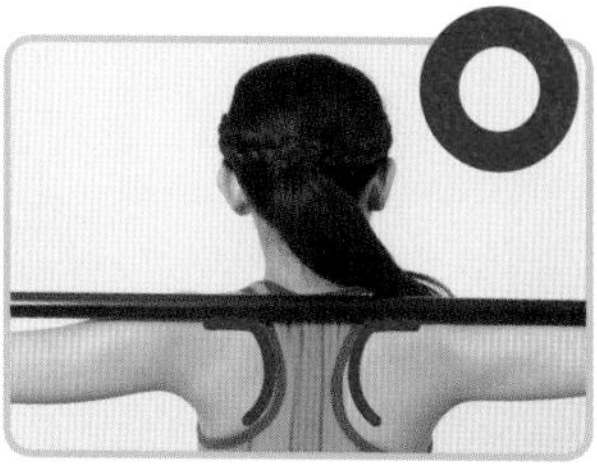

棒が肩甲骨の上部に沿っている。棒が肩甲骨に触れることで、肩甲骨の可動で体をひねるイメージがしやすい

この運動のポイント

体の向きをきっかけに、棒が動く方向に身を委ねる

18

壁に手をついて 体重を掛けてひねる

自分の体の重さを使ってストレッチする時に有効なのが、体の一部分を固定して行う方法。直立状態と違い、壁に手のひらをついて固定することで、自分の体重を肩甲骨に掛けられるようになります。

1

壁と向き合って手をつく

足を肩幅よりやや広く開き、壁に向かって正対する。腕を前に伸ばし、そのまま壁につく。この時の手の向きは縦ではなく、指先が内側を向くように横方向にする。

2

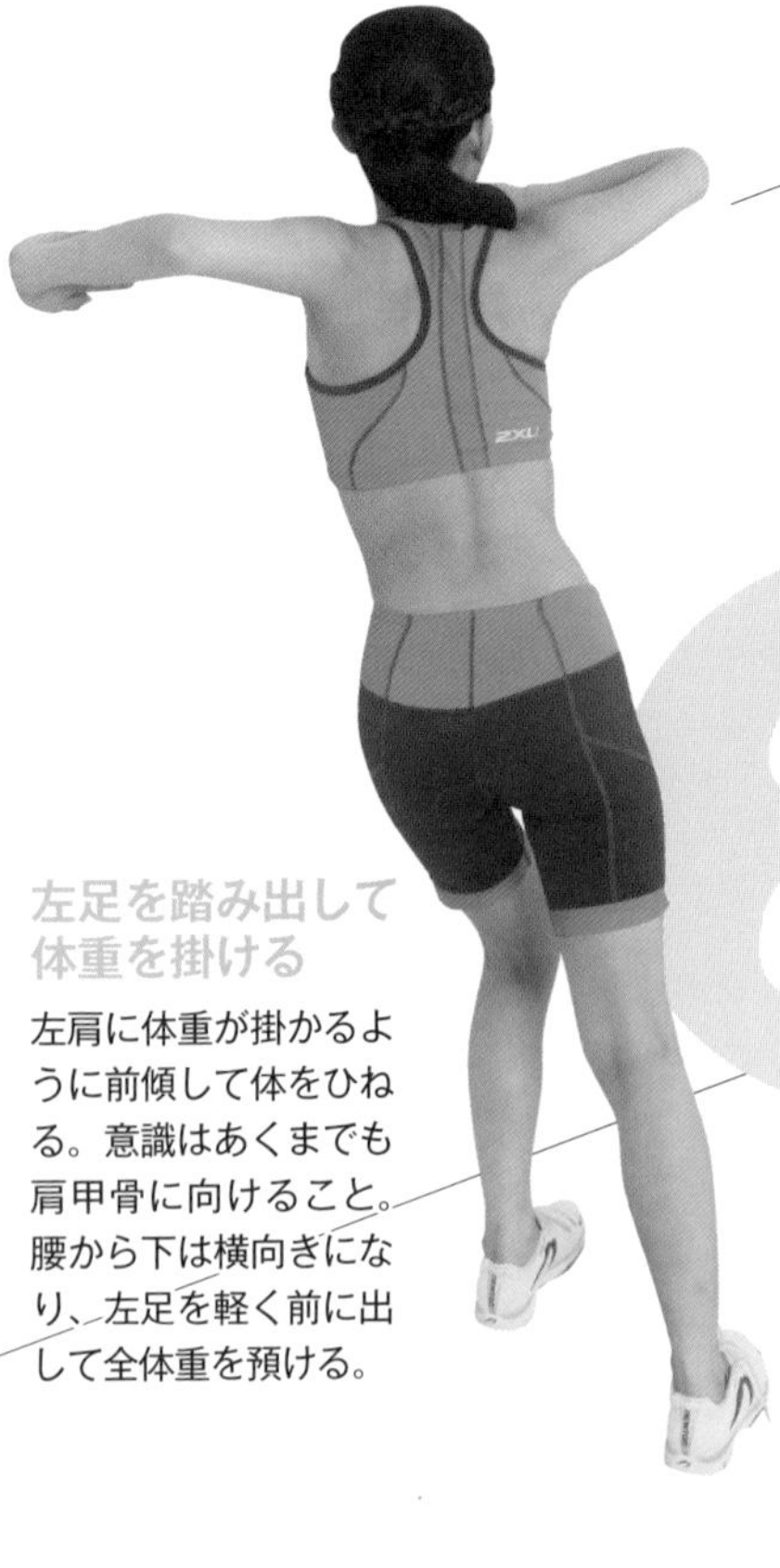

左足を踏み出して体重を掛ける

左肩に体重が掛かるように前傾して体をひねる。意識はあくまでも肩甲骨に向けること。腰から下は横向きになり、左足を軽く前に出して全体重を預ける。

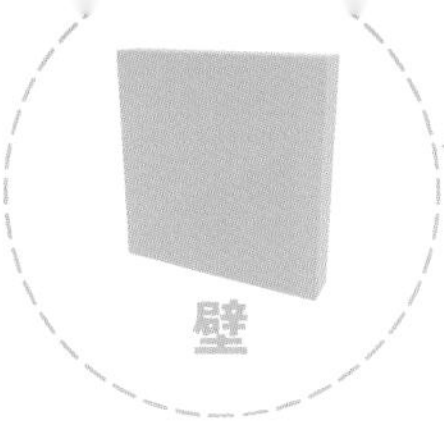

Use items
これを使おう!

3

足を入れ替えて逆側にひねる

右側も同様に肩に体重が掛かっているイメージを持って行う。この時顔を押し出す肩と逆の方向に向けることで骨盤が自然にひねられる。

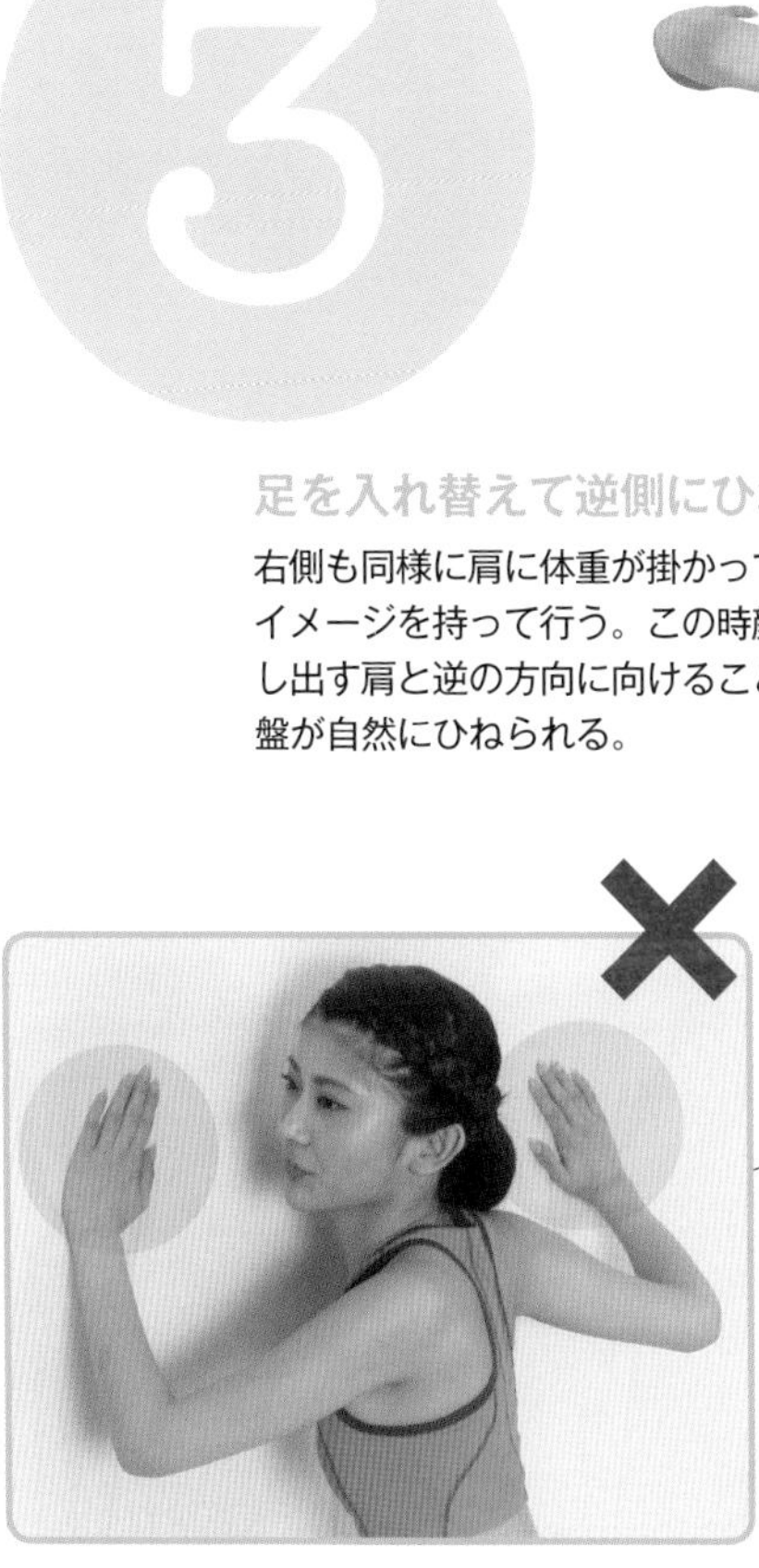

壁との距離が近すぎたり、指先が上を向いていると、ひじ関節や手首が固定されず、肩甲骨が思うように動かない。肩の感覚で距離と手の向きを調整しよう

この運動のポイント

壁で腕を固定しながら、体重を肩に掛けてひねる

19

腕を固定し あおむけで腰を落とす

肩甲骨と骨盤をつなぐ役割を果たす胸椎周辺に効くストレッチ。肩甲骨、胸椎、骨盤が連動することで正しい姿勢は保てます。肩甲骨と共に胸椎もしっかりと動く健康な体を目指しましょう。

両手バージョン

あおむけで腰を落とし 肩〜背中を伸ばす

ベッドやベンチの縁に両手を引っ掛け、上半身が浮き上がらないように固定する。胸から下はベッドに乗せずに腰を落とす。肩甲骨の下端から体を反らせるような状態に。

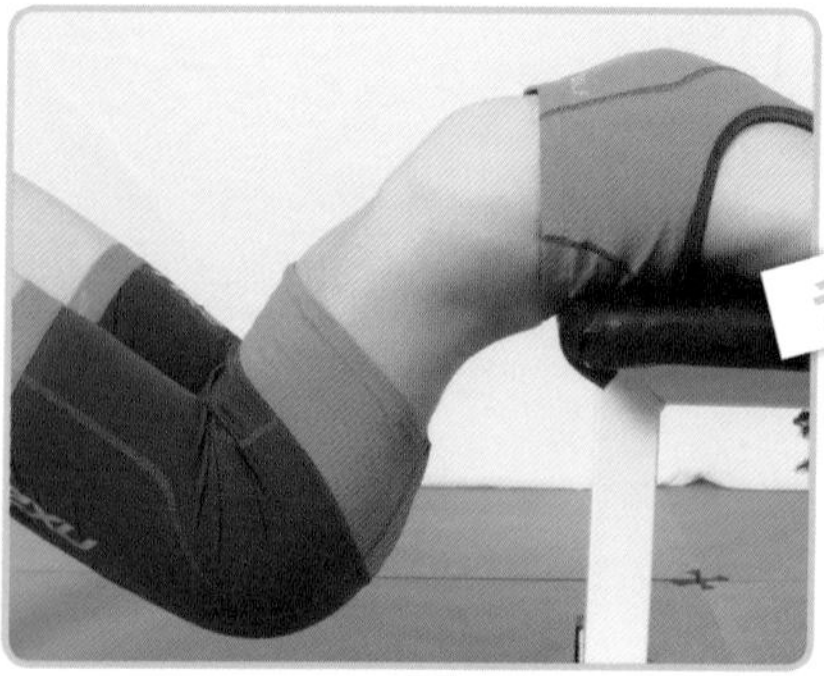

チェック

胸椎とは、頸椎と腰椎に挟まれた胴体部分の背骨のこと。胸椎を効果的に伸ばすため、肩甲骨の下部がベッドの端になるように位置を調整しよう

Use items
これを使おう!

片手バージョン

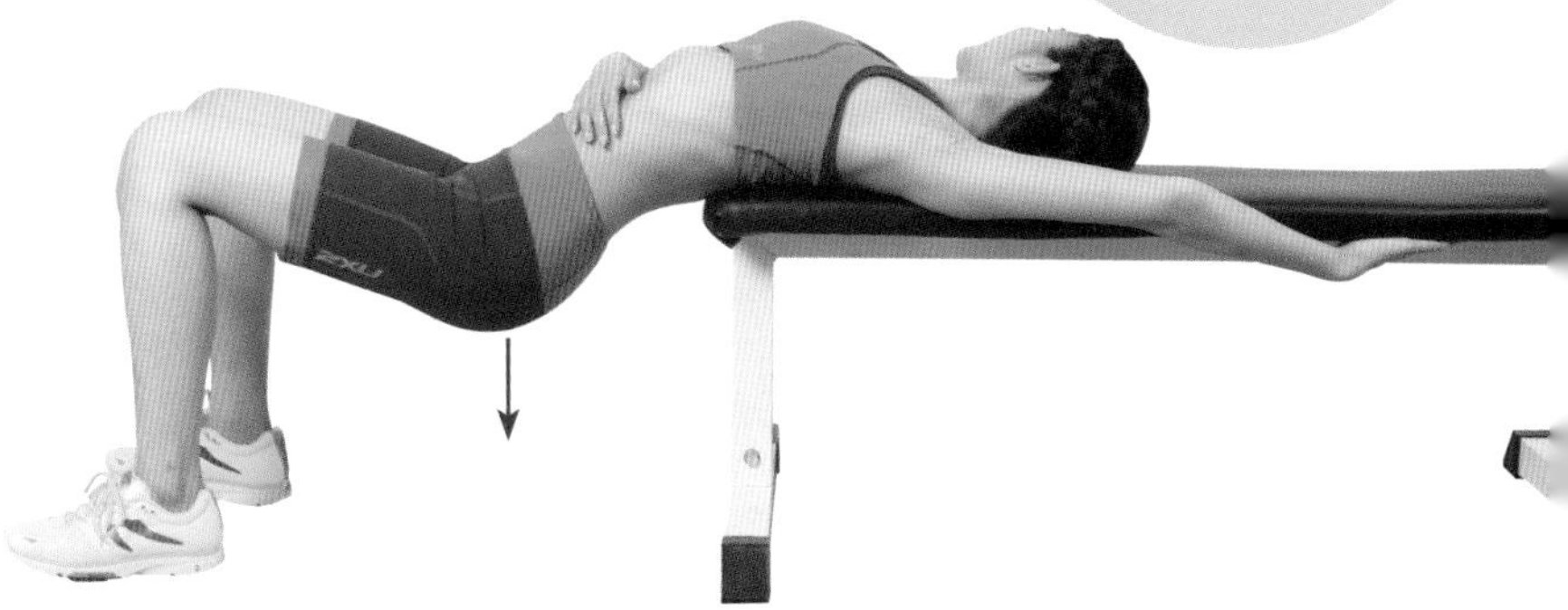

固定する手を片手にして伸ばす

ベッドやベンチに掛ける手を片手に変えると、負荷が増し、肩と背中が更に刺激される。反対の手は軽くお腹に添えておく。左右の手を入れ替えて行う。

この運動のポイント

胸椎が自重で伸ばされるイメージで腰を落とす

両手の指を組んで 伸ばした腕を振り下ろす

肩甲骨周辺に直接アプローチする最後のメニューです。これで肩甲骨が浮き出るなら、硬くなった筋肉に引っ張られ、固定されてしまったあなたの肩甲骨には確実に変化が起きているということです。

1

体の正面で組んだ手を引き上げる

体の正面に腕を伸ばし、指を組む。そのまま腕を斜め上に引き上げる。この時、肩甲骨は背中の奥に引っ込んだ状態になる。

後ろ

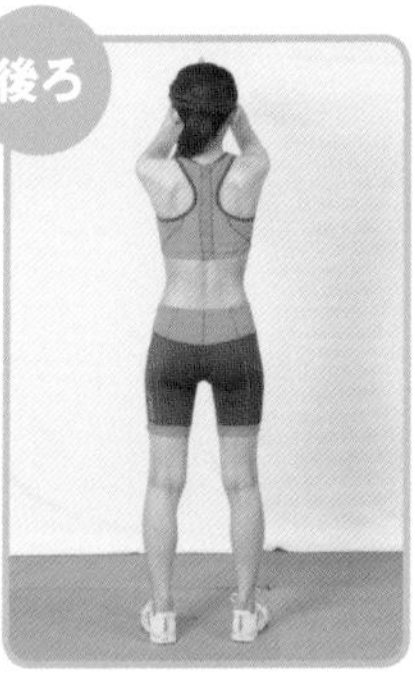

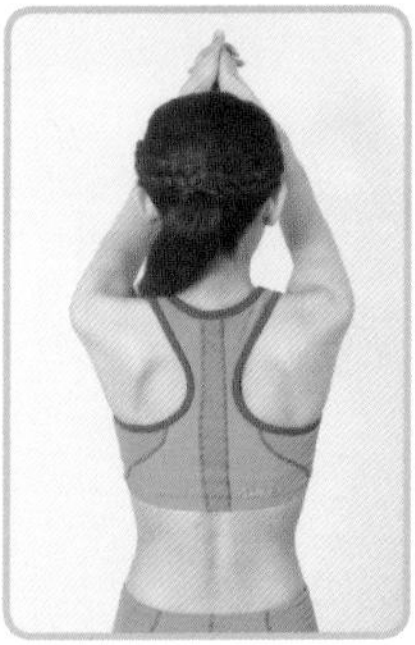

腕を引き上げると肩甲骨も動き、背中に収まる。腕を上げることで肩甲骨も前方に引き出された状態

チェック

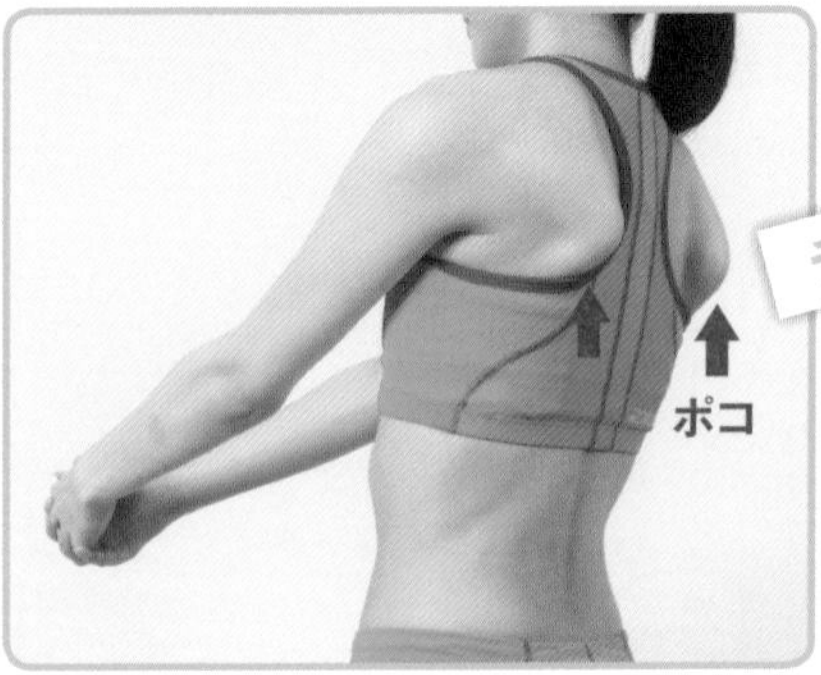

背中から肩甲骨が浮き出るようになれば、肩甲骨はがしは、ほぼ成功。後は柔軟性を高めていこう。周囲の筋肉がほぐれれば、肩甲骨は更に出てくる

Use items
これを使おう!

床

2

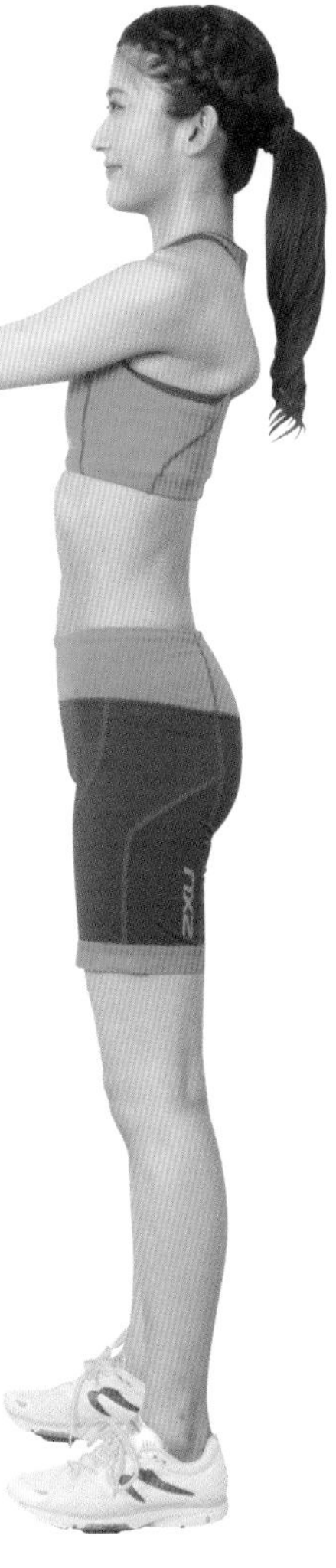

ピタッと止めるイメージ

肩甲骨の動きを意識して腕を下ろす

上げた手を胸の位置まで下ろしてくる。力を入れて腕を振るのではなく、肩甲骨を動かして、後から腕が付いてくるイメージで上下動を繰り返す。

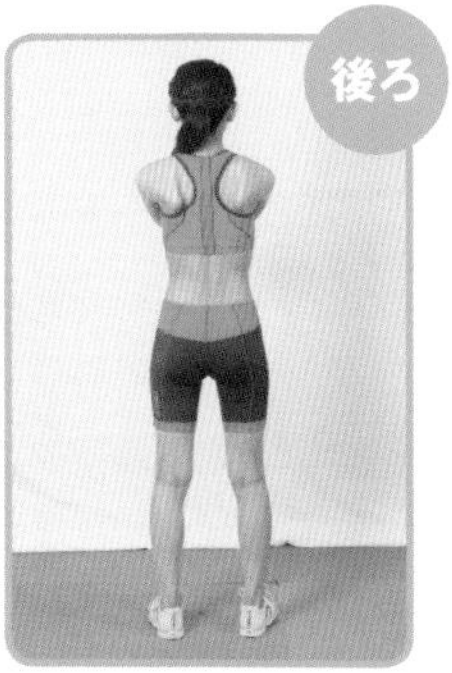

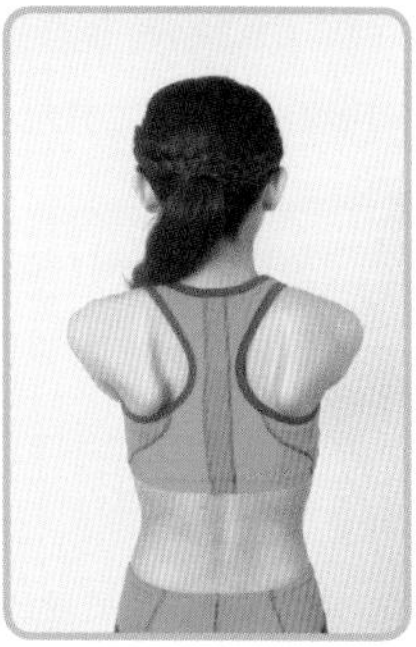

腕を下ろすと肩甲骨も動き、押し出されて背中に浮き出る。周辺の筋肉が柔らかくなった肩甲骨は、腕の動きにしっかりと連動して動く

この運動のポイント

肩甲骨が腕に連動して背中に浮き出れば柔軟度は◎

column 2

楽な荷物の持ち方、階段の正しい上がり方

正しい姿勢を取るだけで生活が楽になる

人間の体は本来、体の一部分に負荷が掛かりすぎないようにできています。肩凝りや腰痛などは、肩甲骨が偏った使い方で固まってしまったり、骨盤が後傾して体にゆがみが出てしまった結果、肩や腰に負荷が集中して起こる現象です。正しい姿勢とは、体のどこにも力が入りすぎず、緊張しすぎている部分がない姿勢のことをいいます。

日常生活で体のゆがみを生む原因の一つが、荷物やかばんの持ち方です。かばんをいつも同じ手に持っていたり、同じ肩に掛けている。そんなちょっとした癖が積み重なり、体はゆがみ始めるのです。

荷物を持つ場合もできるだけ体に負担を掛けない「軽く感じる持ち方」があります。かばんを腕に掛ける場合、ひじを直角に近い角度にして、持ち手をひじの近くに持ってくると実際より荷物が軽く感じられます。これは骨や関節で荷物の重さを支えているためです。

階段を上がる際にも正しい体の使い方ができれば、今までよりも楽に上がることができるようになります。階段を上がる時のひざに注目してみてください。一つ上の段に足を上げて次の段に踏み出そうとする時、あなたのひざはすねより前に出ているでしょうか？　本来、股関節が正しく屈曲していれば、ひざが曲がり前方に体重移動した姿勢となります。骨盤が後傾した悪い姿勢の人はひざがあまり前に出ないまま、力まかせに階段を上っているのです。こうした階段の上り方も体のゆがみを生む原因になります。

CHAPTER 3

腰痛解消!
骨盤&股関節ストレッチ

肩甲骨はがしストレッチは肩甲骨周りの筋肉をほぐして、可動域を広げるものですが、その効果は肩甲骨だけに限りません。私たち人間の体は骨や腱、筋肉などの絶妙なバランスで支えられています。特に上半身の肩甲骨と下半身の骨盤は対となったペアともいえる関係です。背骨（胸椎～腰椎）を通じて手をつなぐかのように連動して全身の動作をコントロールしています。

ここからは肩甲骨の動きを受け止め、相互に関係し合う骨盤と股関節の動きを良くする「骨盤＆股関節ストレッチ」を紹介していきましょう。

自分の骨盤周りの柔軟性をチェックしよう!

あなたの骨盤の健康度は?

ここまで、肩甲骨はがしストレッチで肩甲骨の柔軟性を取り戻す動きを徹底してきましたが、その中で、肩甲骨と対になって動いている部分に気が付きましたか？　それは下半身にある骨盤です。

肩甲骨が正しい位置にリセットされ、柔らかくなり、広範囲に動かせるようになれば、それに応えるように骨盤の動きも良くなります。骨盤が正しい位置、状態にリセットされればそれに合わせて肩甲骨も滑らかに動く。肩甲骨と骨盤の動きはお互いに連動し合っているのです。

では、骨盤の正しい位置、正しい動きとはどんなものでしょう？　肩甲骨と同様、普段あまり意識することのない自分の骨盤の状態を知るために最適なのが、これから紹介する骨盤の柔軟性チェックです。

骨盤の状態をチェックする目的は、本来は自在に前傾、後傾しなければいけない骨盤が、どれくらい〝寝て〟しまっているかを把握することです。

柔軟運動、ストレッチの代名詞でもある前屈の動作がスムーズにできない人は、一般的に「体の硬い人」とされて、ももの裏、ひざ裏の腱や筋肉を伸ばすストレッチを一生懸命にやろうとします。もちろん、それも重要ですが、そもそも骨盤が動かない人はそれだけで、前屈をしにくい構造になっているのです。

あなたの骨盤はどんな状態でしょう？　まずはそれからチェックしましょう。

チェック 1

前 屈

最もオーソドックスなストレッチといえる前屈は、骨盤の状態を知る手っ取り早いチェック方法でもある。前傾の度合いだけでなく、横から見た骨盤の角度にも注意。

つま先に触れることができていれば、まずは骨盤の可動域、最低限の柔軟性が確保されている状態といって良い。ストレッチを続けることで、更に深い前傾姿勢を取れるようになる

骨盤が後ろに傾いて動かないと、上体が起きてしまうのでつま先までの距離が遠くなる。骨盤周りの筋肉が固まっていると、体を前に倒そうと思っても、骨盤が思うように動かない

開脚前屈

チェック 2

一般的によく知られたストレッチ。脚を開いて前屈を行う開脚前屈は、骨盤周辺の筋肉、股関節が柔らかく動作すれば、床にぴったりと体をつけることもできる。

○

つま先を外に向け、ハの字に開脚をして上半身を前に倒していく。前傾の深さによって可動域の評価も変わるが、まずは両手の手のひらが床につけばOK

×

開脚前屈でも床に手が届かなければ、骨盤や股関節が本来持っている動きを失っている状態。何らかの原因で可動域が狭くなり、骨盤も固まっていると考えられる

チェック 3

うつぶせ足つかみ

うつぶせになって、片方の足を同側の手でつかむ。股関節を屈曲させる腸腰筋やお尻周りの大殿筋が硬いと骨盤も正しい機能を確保できず、動きが悪くなる。

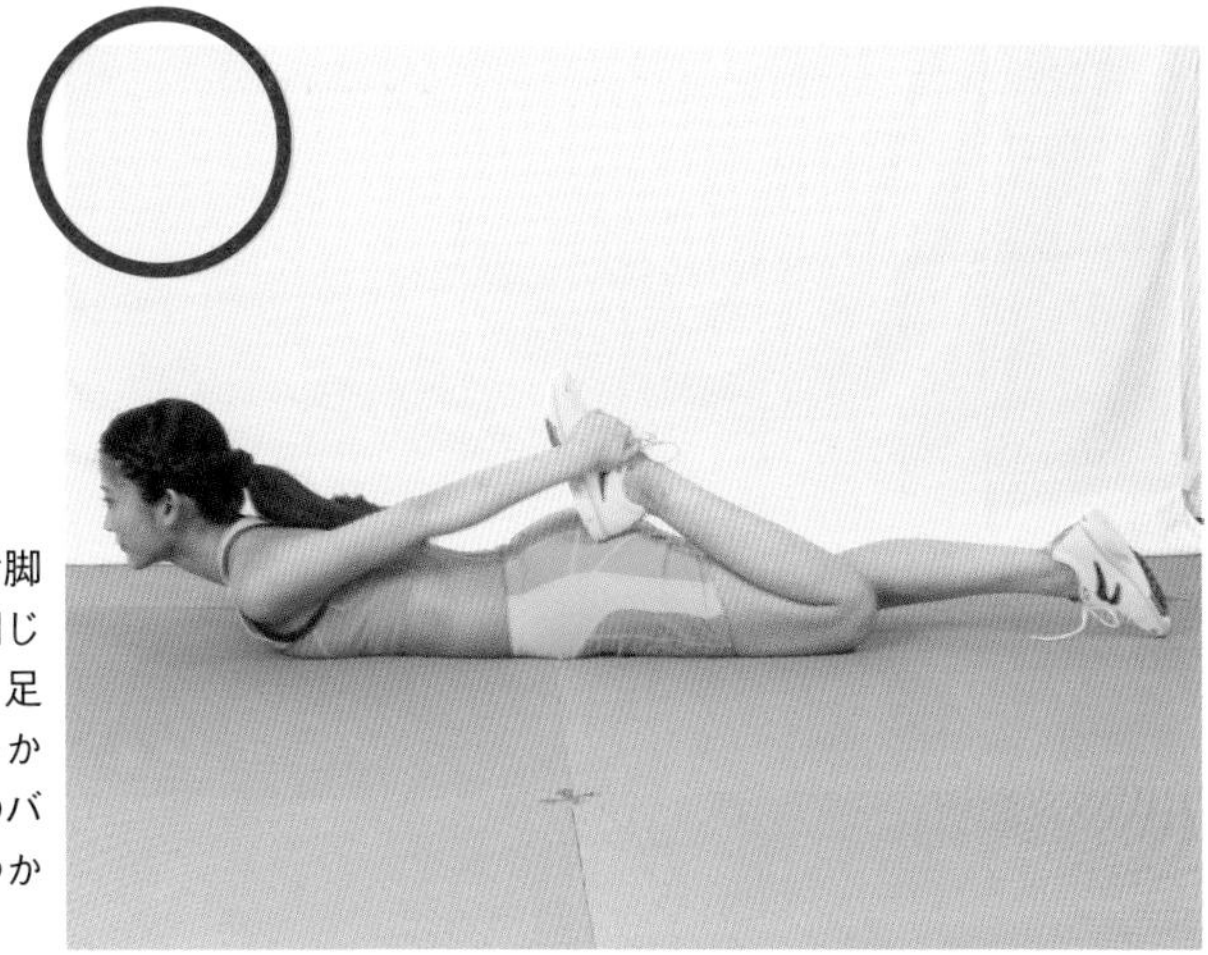

うつぶせの状態から片脚を曲げ、曲げた脚と同じ側の手で足に触れる。足をつかむことができるかどうかが可動域判定のバロメーター。足首をつかめると、なお良い

脚が十分に曲がらず、手が届かない人は骨盤の動きが鈍っている。ももやひざの硬さもあるが、股関節や骨盤が動かずに脚の可動範囲が狭いケースが多い

肩甲骨と連動する骨盤&股関節を活性化させてストレッチの効果を全身に波及させる

体の動きを担う2大ポイント 肩甲骨と骨盤の重要性

胴体と腕をつなぐ役割を果たし、上半身の主要な筋肉と連絡している肩甲骨と、体の中心にあり、上半身と下半身をつなぐ土台のような役割を果たす骨盤は、相互に連動して動いています。肩甲骨も骨盤もその周辺に体を動かす重要な筋肉が集まっているため、裏を返せば体のゆがみを作りやすい部位ともいえます。

肩甲骨はがしストレッチは、硬くなった筋肉をほぐすことで、肩甲骨が正しい位置にリセットされ、可動域が広がるのが目的です。骨盤も同じように周辺の筋肉を緩め、正しい動かし方を意識することで体の不調の原因となるゆがみが大幅に改善されます。

「肩甲骨が動くようになってから骨盤をやるから、後回しにしよう」

肩凝りや上半身のゆがみが深刻な場合は、そう考える人もいるでしょう。しかし、肩甲骨と骨盤は胸椎を通じて互いに連動して動きます。肩甲骨から胸椎、骨盤から下半身へと力が伝わる体の動きは、〝部分〟ではなく〝全体〟でとらえて考える必要があります。

正しく美しい姿勢や自然な動作のためには、肩甲骨と骨盤が共に本来あるべき可動範囲でスムーズに動く必要があります。どちらかだけを伸ばして柔らかくすることは、実は遠回りなやり方です。

「肩甲骨はがし」と「骨盤回し」、この二つのストレッチに同時に取り組むことが、大きな相乗効果をもたらします。肩甲骨が動き出した体は、骨盤の可動域を広げる準備ができているのです。

骨盤周りの可動域を広げる効果

骨盤は二足歩行の人間が活動するためのまさに礎石であり、その状態は、肩や背骨、首、股関節の状態に大きな影響を及ぼします。特に肩甲骨と骨盤が挟む形で決定付ける背骨のアーチのゆがみは、体のさまざまな部位で起こる凝りや痛みなどに直結します。

まず、周辺の筋肉が使われなくなり、骨盤を支える力が低下してしまうと「骨盤が後傾した」状態を作り出し、姿勢を悪化させます。姿勢が悪化すれば、背骨もゆがんで固定化し、たるみや筋肉の拘縮、血流の低下を生みます。更に骨盤や肋骨のズレが内側にある臓器に影響を与えて新陳代謝の低下による肥満、体の冷えなどを引き起こしてしまうのです。

また、女性に多い下半身の疲れやだるさ、むくみにも骨盤の状態が関係しています。骨盤は、肩甲骨や胸椎を通じて頭などの上半身の重さを一手に引き受けているので、正しい位置で本来の機能を果たせていないと、下半身に大きな負荷が掛かるのです。

本章で紹介する骨盤&股関節ストレッチは、こうした体の不調を、骨盤周辺の機能を改善することで解消します。前述しましたが、正しく動く、健康な骨盤のためには健康な肩甲骨も同時に必要です。この2大ポイントへのアプローチを続けることで姿勢が良くなり、基礎代謝が上がって、疲れにくく太りにくい、痛みのない体に変えることができます。

01

片脚を前に出し 骨盤を傾けて前屈

肩甲骨が胴体と腕をつなぐように、骨盤も胴体と脚をつないでいます。歩く時に動くのは股関節ですが、同時に骨盤も可動します。骨盤&股関節ストレッチは、骨盤を動かす感覚をつかむことから始めましょう。

リラックスしながら背筋を伸ばして座る。体や顔、視線は正面に向け、両手は太ももの上に置く

片脚を台の上に乗せ伸ばす

ベッドやベンチなど高さのある台の上に座り、一方の脚を台から下ろして後ろに引く。台に乗せた脚は真っすぐ伸ばし、ひざもできるだけ曲げないようにする。

猫背や、台から下ろした脚が前にある状態では骨盤が動く感覚がつかめない。姿勢は真っすぐ、後ろに脚を引いて行うのが正しい形

Use items
これを使おう!

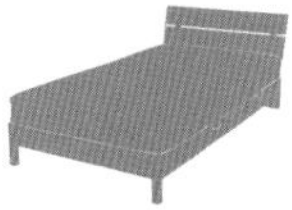

ベッド

太ももに置いた手は押さえ付けるのではなく軽く置くイメージ。左右両方、順番に脚を替えて行う

2

手に近付けるように上半身を倒す

姿勢をキープしたまま、骨盤から前傾させる。太ももに置いた両手に、おへそを近付けるように上半身を傾けていく。終わったら上体を起こし、1→2の動作を繰り返す。

この運動のポイント

おへそで上半身をリードして、骨盤が前傾する動きを確かめる

02 片脚を前に出して曲げ ひざを開いて前屈

お尻の筋肉、大殿筋を伸ばして骨盤の位置をリセットします。骨盤周囲の筋肉が固まっていると骨盤自体が筋肉に引っ張られて後傾したり、ゆがんだりしてしまいます。筋肉を柔軟にして骨盤を整えましょう。

台の上でバランスが取りにくい場合は、左手で台をつかみ、体を安定させる

台の中央に足を乗せる

片方の脚のひざを外側に開き、ベッドやベンチの上に乗せる。この時、足の裏が台の中央に位置するように置き、反対の脚はベッドから下ろして、後ろに引く。

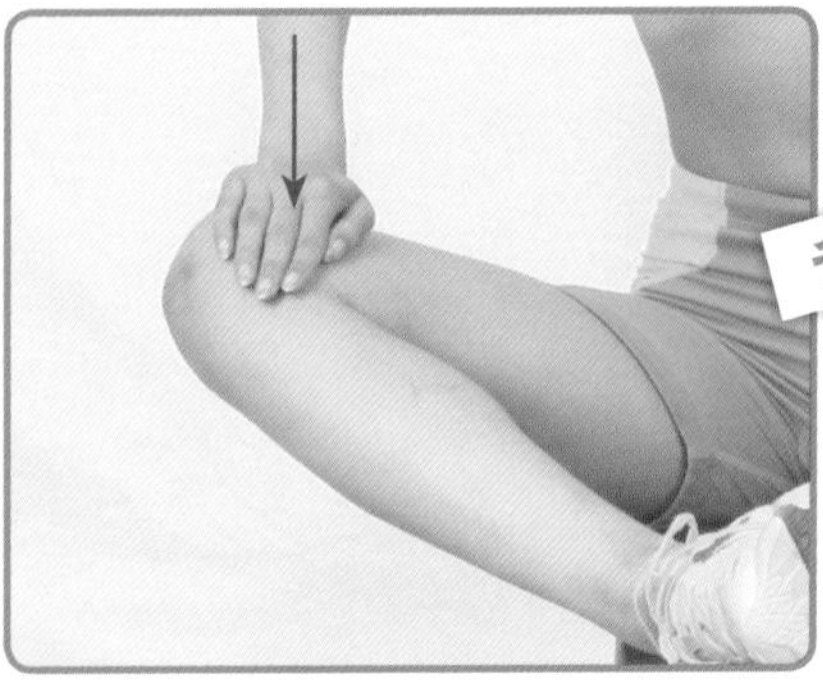

曲げたひざが台と平行になるのが理想だが、ひざの角度はお尻の筋肉の柔らかさに左右される。ひざが浮くなら、右手に少し力を加えて押さえてもOK

Use items

これを使おう!

上半身の重さでお尻の筋肉を伸ばす。できるだけ無理な力は加えず、右手はあくまでも添えるだけにする

体の軸を保ち前傾する

ひざを曲げたまま体を前方に傾ける。台から下ろした脚の前に手を置き、体を安定させる。前傾した時に体の軸が左右にぶれないよう気を付ける。

この運動のポイント

外側に開いたひざが浮かないように押さえてお尻を伸ばす

Use items
これを使おう!
椅子

03

床と平行になるように 脚を組む

椅子に腰掛けて脚を組むだけでも意識を変えればお尻の筋肉を伸ばせます。伸ばせる場所は88～89ページの前屈と同じですが、自然な姿勢でできるため、オフィスでも簡単に行えるストレッチです。

チェック

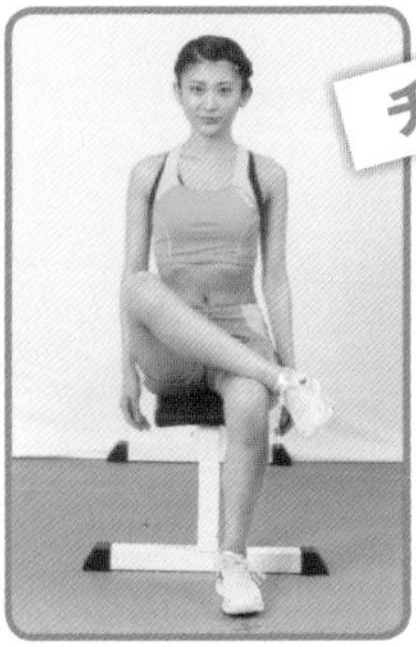

お尻の筋肉や股関節が硬いと上に乗せたひざが浮いてしまう。脚はなるべく床と平行にするように意識する

1

椅子に座って脚を組む

椅子に浅めに腰掛けて、一方の足をもう片方のひざの上に乗せる。下の脚のひざ頭と上の脚の足首が交差し、90 度になるように気を付ける。

この運動のポイント

脚を90度に組み 上の脚が床と平行になるようにする

骨盤周りが硬くなることの弊害

筋肉が縮まって硬くなり 可動域が狭くなる悪循環

骨盤周りの柔軟性チェック（82ページ）で、前屈が苦手な人は骨盤が後傾…つまり後方に〝寝て〟いる状態になっている場合が多いのです。骨盤が本来の角度ではなく、常に後ろに傾いていると、骨盤と連動している太ももやふくらはぎの筋肉が不必要に伸びたり、縮んだりといった不均衡が起きます。

太ももやふくらはぎの筋肉はこのアンバランスによって次第に硬くなり、伸び縮みしなくなっていきます。結果として骨盤が硬く縮んでしまったこの筋肉と引っ張り合って脚の関節や腰に影響を与え、ひざ痛、腰痛などを招くという悪循環が始まってしまいます。骨盤のゆがみは体全体のゆがみにつながり、歩行や座る、寝るという簡単な日常動作にも悪影響を与えます。

太ももやふくらはぎのような大きな筋肉は普段、血流を後押しするポンプのような役割を果たしていますが、これが使われず、衰えることで全身の代謝にも影響が出て、やせにくく太りやすい体になってしまいます。また使われない筋肉はそこを通る血管を狭めるため老廃物も除去されずに滞り、腰痛や肩凝りの原因にもなります。

更に、筋肉で支えられていたお尻は垂れ下がり、お腹はぽっこりと前に出てくることになります。

後傾した骨盤の位置をリセットし、関節としての機能が正常に動く状態を作り、筋肉を柔らかく保つことで、これらの弊害はほとんど解消されるでしょう。

骨盤＆股関節のストレッチは、骨盤周辺の凝り固まった筋肉をほぐして、柔軟性を取り戻す役割を果たします。これらのストレッチを行う時は、骨盤だけではなく、そこにつながるほかの部位の筋肉も意識すると良いでしょう。

04 座った姿勢で 脚を組み上半身を前傾

90ページの姿勢から上半身を前に傾けていくストレッチです。基本姿勢は同じなので、椅子さえあればどこでもできます。デスクワークの休憩の際などに意識して行うだけでも、有効な腰痛対策になります。

90ページのメニューと同じ姿勢でスタートする。右手は組んだ脚のひざの上に添え、左手は楽な場所に置く

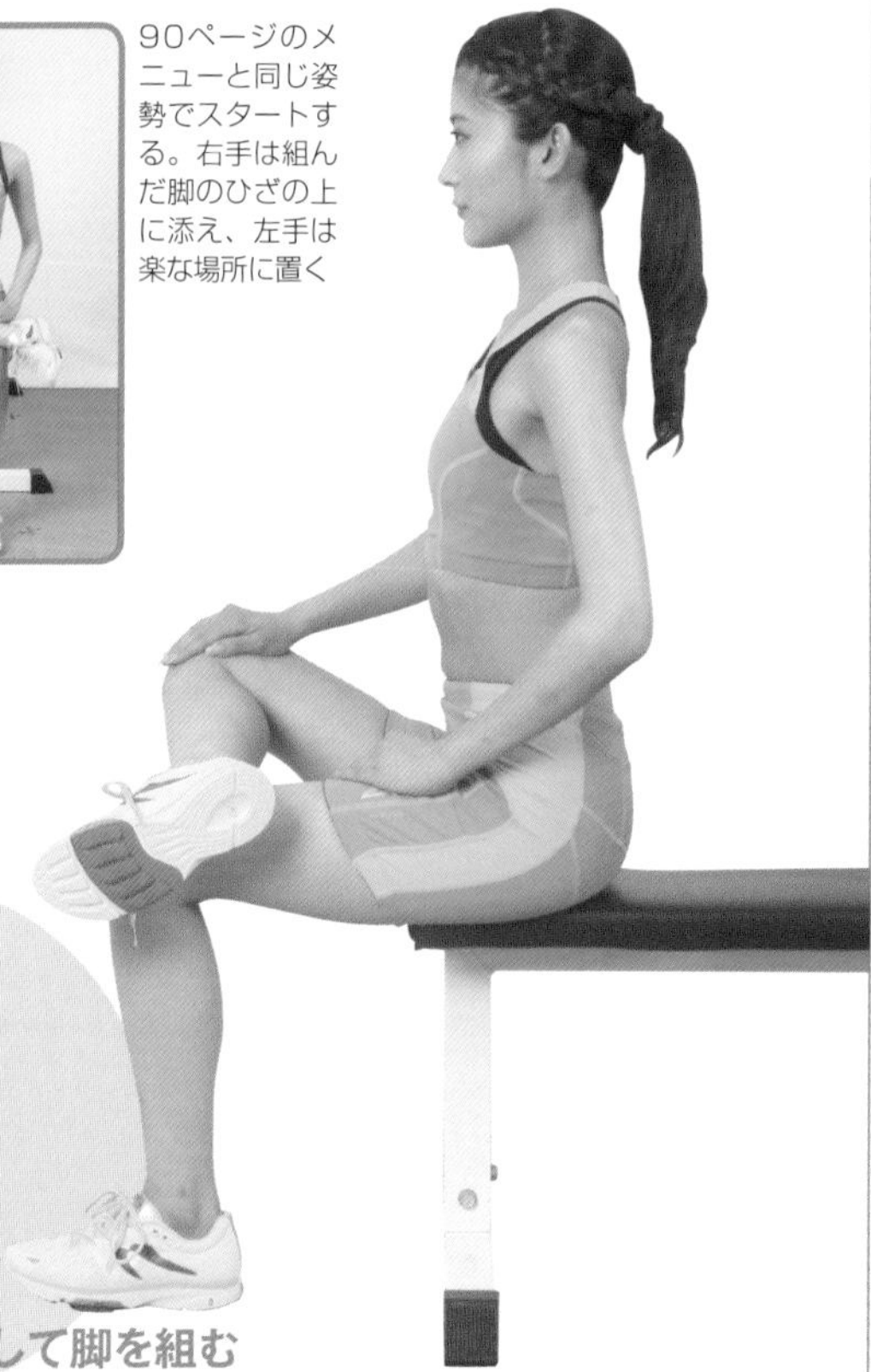

1 背筋を伸ばして脚を組む

椅子に浅く腰掛け、床と平行になるように脚を組む。ここまでは同じ姿勢。背筋を伸ばすことと、上に乗せた足側のお尻が浮き上がらないように気を付ける。

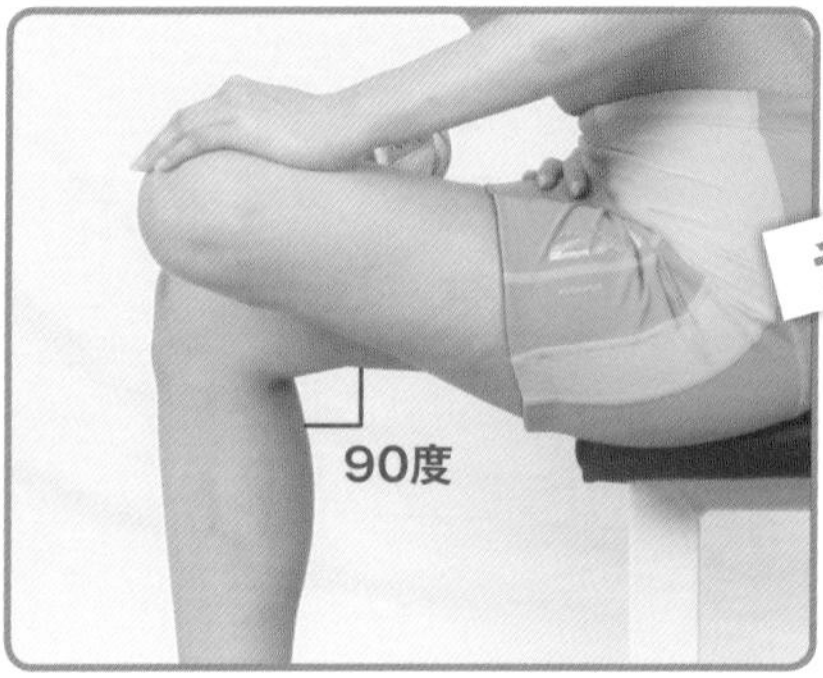

組んだ脚のひざが浮く場合は少し力を加えても構わないが、強い力で無理に押し込もうとしない。下になる脚も前に投げ出さず、ひざの角度を直角に保つ

Use items
これを使おう!

椅子

お尻は椅子から浮かさない。体のほかの部分を動かさないことで、お尻の筋肉が効果的に伸びる

2

脚を組んだまま前傾する

1の姿勢から前傾して、お尻の筋肉を伸ばす。上半身を倒しても、下半身は固定。体を正面に向けて、真っすぐ前を向いたまま前傾する。あくまでも自分の体重でお尻の筋肉を伸ばすイメージで。

この運動のポイント

お尻を浮かさずに自分の体重を使って前傾していく

05

内側に絞るように 両ひざの頭を寄せる

開いて、ゆがんでしまった骨盤を改善する効果の高いストレッチです。骨盤のゆがみを効率よく矯正してあげるためには、骨盤周辺だけでなく、お尻や太ももの筋肉も調整してあげる必要があります。

1

足幅を広くして椅子に座る

肩幅の倍ほどに足を開いて椅子に浅く腰掛ける。股を開いて座るのではなく、ひざは骨盤と同じくらいの幅に閉じておく。

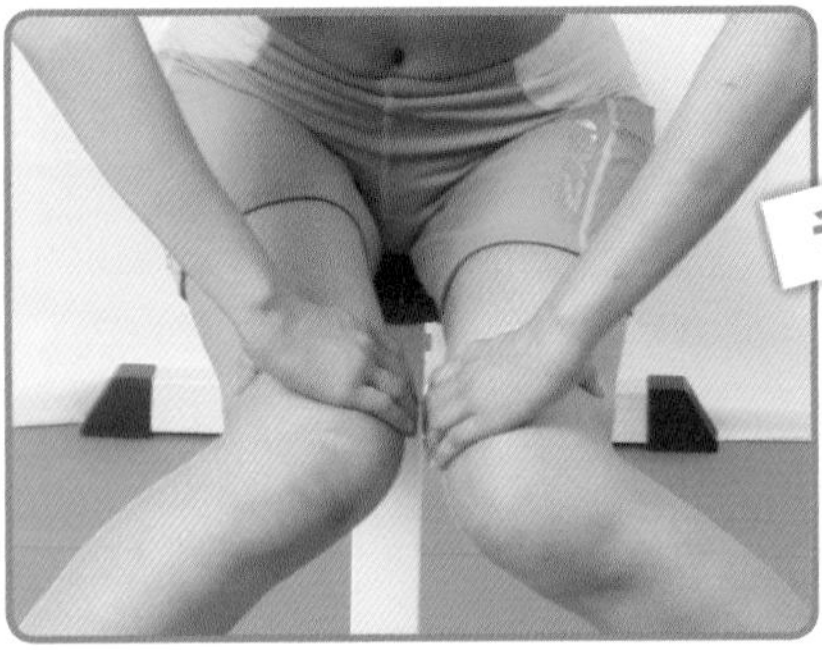

チェック

ひざを寄せる際は、腕力で内側に押すのではなく、上半身の力を肩甲骨から腕、手のひらへと伝えるイメージで加重していく

Use items
これを使おう!

椅子

2

ひざ上に乗せた手に加重する

ひざの上に乗せた手に上半身の体重を掛けるようにして、両ひざを内側に寄せていく。骨盤の側面の筋肉が伸ばされているのを感じながら行う。

✕ ひざを絞った時に足の裏が地面から離れてしまっている。これも力が分散して効果が得られないのでNG

✕ つま先が内側を向いてしまっている。これでは正しく体重が掛からないので、つま先は正面を向けて行うようにする

この運動のポイント

足の裏をしっかり接地して体重を掛けるようにする

06

床に座った状態で 片脚を外側に曲げて前屈

開脚した状態とは逆に脚を閉じた形で骨盤と股関節にアプローチ。骨盤を〝立てる〟イメージで行うと効果的です。骨盤周辺からお尻、太ももの筋肉を伸ばして体の状態を整えます。左右バランスよく行いましょう。

1

片脚だけ曲げて座る

脚を伸ばした姿勢から、片脚を曲げる。曲げた脚は、足の裏を外側に向け、ひざの角度が90度になるようにする。背筋は真っすぐ伸ばしておく。

チェック

股関節やお尻の筋肉が突っ張って、ひざの裏が痛い、お尻が浮いてしまうという人は、お尻の下に硬めのクッションなどを敷くとやりやすい

床

Use items
これを使おう!

2

ひざを押さえて前傾する

曲げた脚のひざの上に手を乗せて、前傾しながらその手に体重を掛けていく。上半身を倒す際は背中を真っすぐ保ったまま、おへそでリードする。

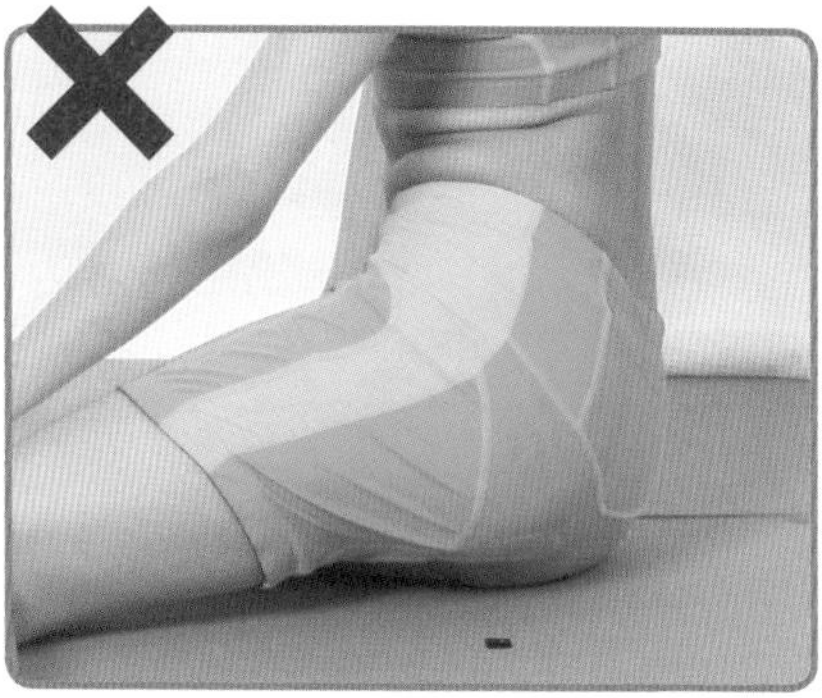

お尻はしっかりと地面につける。曲げたひざに引っ張られて浮いてしまうと、正しく効果を得ることができない。前傾がつらい人は右ページの「チェック」を参考に調整しよう

この運動のポイント

背中を真っすぐに保ち、お尻が浮かないようにして前傾する

07

脚を開いて座り
両ひざの間で前屈

骨盤や股関節周辺にはさまざまな筋肉が入り組んでいます。向かい合った関係の筋肉は一方が伸び、もう一方が縮むことでバランスを取っています。同じ開脚でも体勢を変え、違う角度で刺激を与えることが大切です。

脚をしっかり開いて、姿勢を正す。ひざの上に置く両手は、力を入れずに自然に前に出す

1

脚を大きく開いて座る

ひざもしっかり開いて大股開きで椅子に腰掛ける。背筋をしっかり伸ばすのが大切だが、そのために胸を張ろうとしすぎると背中が反った状態になるので注意する。

猫背の状態で体を前傾させても、伸ばしたい部分に力が伝わらない。ストレッチ効果を高めるためには背中を曲げずに正しいフォームで行うことが重要

Use items
これを使おう!

前傾する際は、下を向いたりせず、視線を正面に。腕は突っ張らずに、脱力したままにする

上半身を前傾させる

両脚のひざの間に体を落とすように上半身を前に倒す。腕は内股に沿うように下げ、ひじが太ももに届くまで体を前傾させる。骨盤からしっかり倒して、お尻や太ももの筋肉まで伸ばす。

この運動のポイント

腕を突っ張って体を支えないようにして姿勢よく前傾する

08 床に座った状態で脚を大きく開いて前屈

開脚した状態での前屈は日ごろよく用いられるオーソドックスなものですが、ここでは体を前に倒すというより、骨盤を斜め前に出すイメージで行いましょう。これにより伸びる筋肉、緩む部位も変わります。

横

脚を開く角度は、初めから無理に広げる必要はない。骨盤が動くようになれば自然に広がるようになる

1

脚を開いて座る

初めのうちは写真のように大きく開脚して座るのは難しいが、できる範囲で脚を大きく広げて座る。この時、背中と腰が丸くならないように注意しよう。

チェック

開脚の姿勢がつらい場合は硬めのクッションなどで段差を付けて行おう。お尻の位置を高くして傾斜を付けると腰を伸ばして楽に前傾できる

床

Use items
これを使おう!

従来のストレッチのように勢いを付けて指先を遠くまで伸ばすのではなく、骨盤から動き始めるようにする

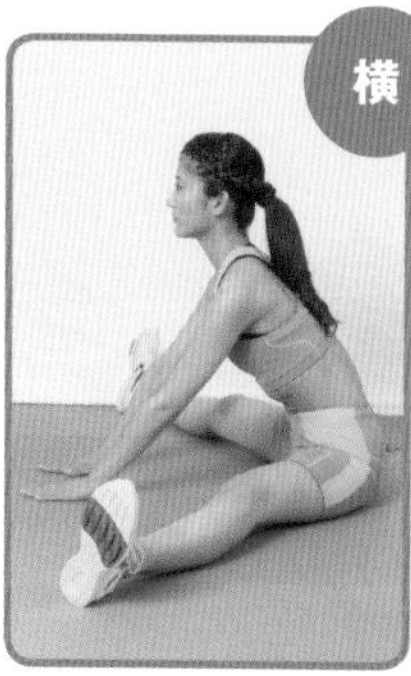

2

腰の上部を意識して前傾する

開脚した状態で体を傾ける。腰の上部、骨盤から始動して前傾するイメージをしっかり持つ。前方に体を倒しきったら元の姿勢に戻ってこの動作を繰り返す。

この運動のポイント

骨盤を真っすぐに立てた姿勢のまま腰を前に押し出す

09

腕を立て両ひざを外に開き
お尻を後方に引く

大きく股を開いて股関節周辺にアプローチ。股を開くというと相撲の股割りを連想しますが、これは開脚することではなく骨盤と股関節の連結部の柔軟性を高めることが目的です。股関節の筋肉をしっかり刺激しましょう。

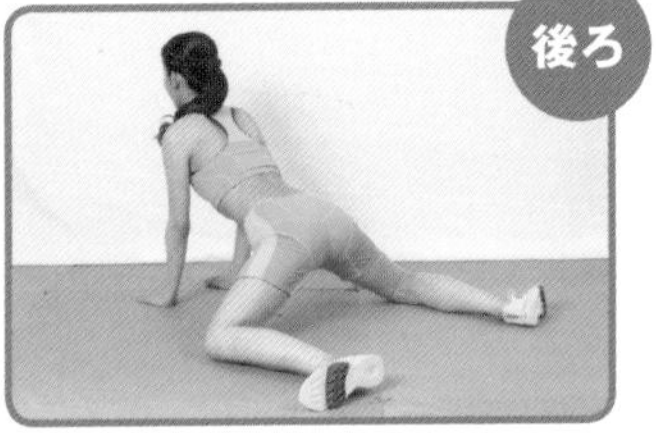

動き出しの姿勢を斜め後ろから見たところ。肩甲骨と背中、腰のラインが真っすぐになった姿勢で行う

1

手をついて両ひざを外に開く

両手、両ひざをついた姿勢になる。手は肩幅、脚は広めに開いて、上体を起こす。足はつま先を外に向け横向きにする。

チェック

床につく手は肩幅と同じか、肩幅より少し広い程度に開く。広すぎると体勢が崩れてしまい体を動かしづらくなってしまう

Use items
これを使おう!

床

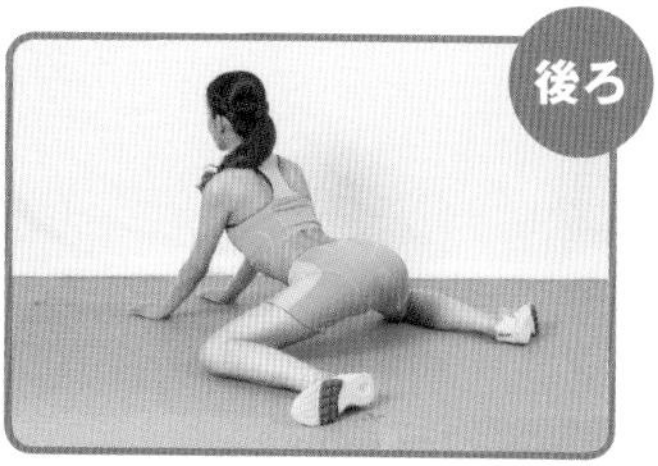

骨盤を前後にずらすイメージで１と２の姿勢を繰り返す。手で反動を付けたり、足で踏ん張ったりしない

2

骨盤を後ろに引く

１の姿勢からお尻を後ろに引く。体を後ろに動かすというより、骨盤の角度を変えて立てるイメージで腰とお尻の位置を後ろに持ってくる。背中はやや反り気味でも OK。

この運動のポイント

腕の力を使わずに骨盤の角度を変えるイメージで

10

片足を台に乗せて 体を横に倒す

歩く、座るなど股関節を前後方向に曲げ伸ばす動きは日常生活の中にも多く存在するのに対して、横方向への動作はあまり多くありません。このメニューは、横の動きで筋肉を伸ばし、柔軟性を高めます。

1

ベンチに片足を乗せる

低めのベンチなどを用意し、その上に足を乗せる。台に乗せる足は体の真横でつま先を正面に向け、土踏まずの辺りを接地する。

体を横に倒す際に体の軸がぶれて斜めになってしまうと伸ばしたい部位に効果が出ない。顔や肩を正面に向けたまま、骨盤を軸に横に倒そう

ベンチ

Use items
これを使おう!

2

体を横に傾ける

台に乗せた足の方向に上半身を傾ける。1の姿勢と2の姿勢を繰り返したら、左右を入れ替え、両側バランスよく行う。

この運動のポイント

体は正面に向けひねらないように骨盤から真横に倒す

脚を前後に大きく開き
片ひざをついて体を下げる

股関節から太ももの前側にかけて効果的なストレッチです。腸腰筋や足の前側に付いている大腿直筋を効果的に伸ばします。骨盤、股関節、脚部の筋肉を連動させて伸ばすことで股関節の自由度が高まります。

床で行うバージョン

脚を開いて姿勢を落とす

脚を前後に開き、片ひざを立て、もう一方の脚は後ろに伸ばす。前後に体がブレないように、真下に軽く体重を掛けていく。手は腰の辺りに自然に添える。

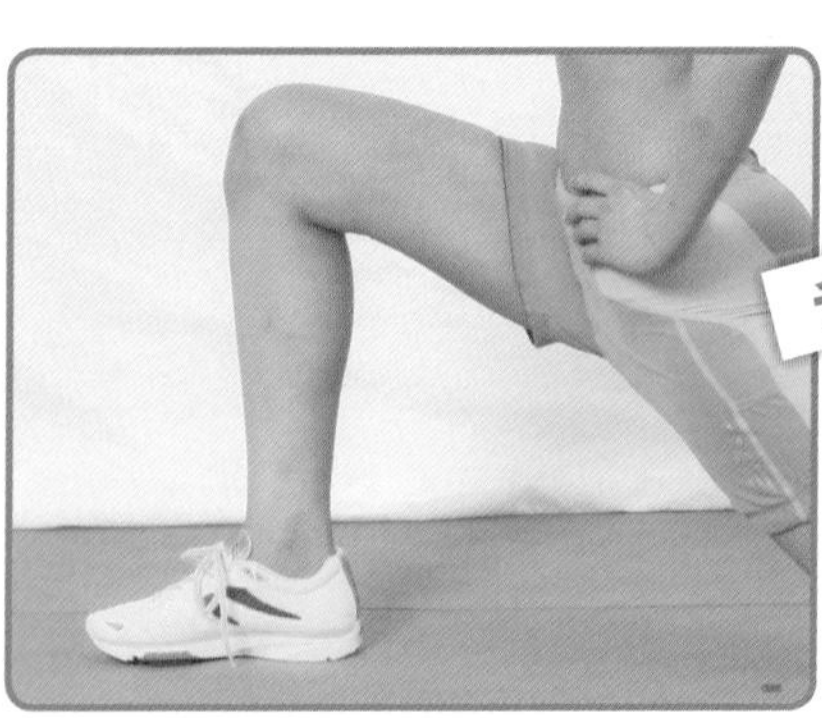

チェック

ひざが前に出すぎると腰に負担が掛かるので注意。体重を掛ける際に前傾してしまうと、ひざが前に出やすいので、真っすぐ下に加重するように心掛ける

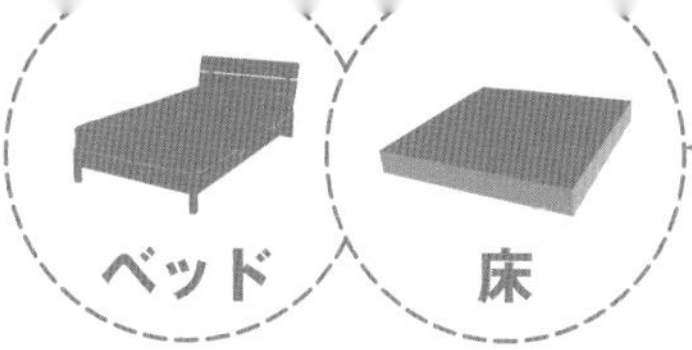

Use items
これを使おう!

ベンチを使ったバージョン

ベンチを使って負荷を変える

更に角度を付けて伸ばしたい場合は、後ろの脚をベンチの上で真っすぐに伸ばす。この状態で真下に沈み込むように体重を落とす。ひざが前に出ないように注意する。

この運動のポイント

体が前傾しないように注意し、自重を真下に掛けて伸ばす

12

体をTの字にして そろえた両脚を左右にひねる

このストレッチは骨盤の外側にある中殿筋に効くメニューです。中殿筋は歩く際に重要な役割を果たしていますが、この中殿筋が弱ってしまうと、左右にお尻を振りながら歩いているように見えてしまいます。

1

背中を床につけＴ字を作る

背中を床にぴったりとつけ、あおむけになる。腕を開き、上から見ると体がＴの字になる状態にする。この時、脚はそろえて、ひざを少し曲げておく。

2

真横にひざを倒す

Ｔ字の状態からひざを横に倒す。上半身は動かさないようにして、骨盤から下をひねって動かす。顔も上に向けたままの状態をキープ。

Use items
これを使おう!

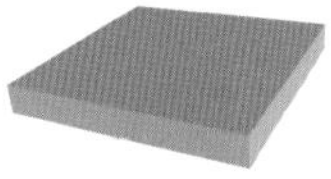

床

3

体がブレないように反対側に倒す

2の状態から反対側にひざを倒していく。肩甲骨と腕を床につけたまま、左右にひざを倒す。ひざが伸びたり、左右で別の方向を向いたりしないように注意しよう。

チェック

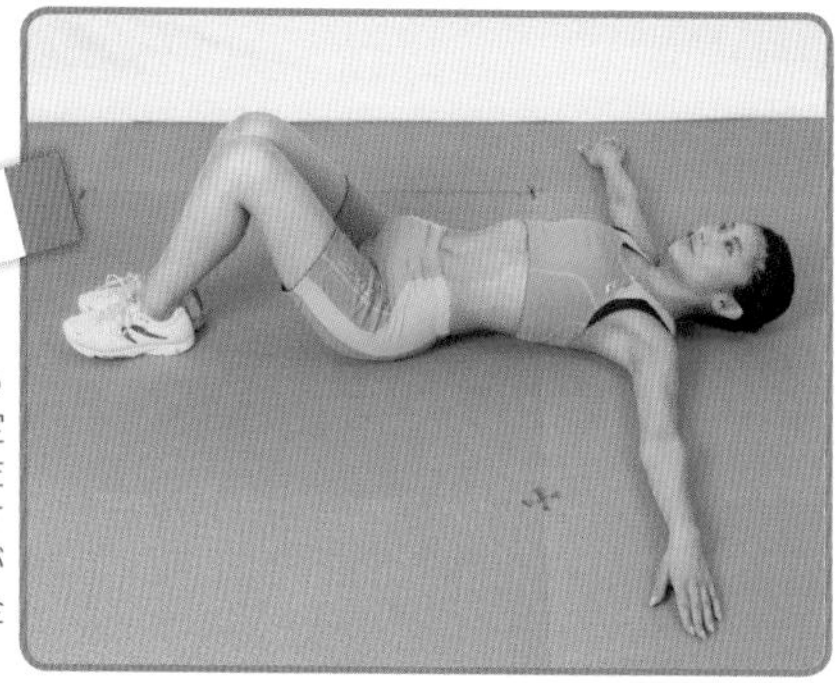

頭、肩と背中、腕がしっかりと床について固定された状態でひざを左右に動かす。背中にすき間ができたり、腕が曲がったりすると体全体がねじれてしまう

この運動のポイント

上半身をしっかりと固定して骨盤から下だけを動かす

13

体をTの字にして 開いた両脚を左右にひねる

108～109ページでのストレッチと同じ中殿筋を伸ばすストレッチ。このメニューでは脚を開いた状態で行うことで、前項のストレッチとは違った角度の刺激となり別の筋肉にも効果を与えます。

背中を床につけT字を作る

上半身でTの字を作るのは108ページの1の姿勢と同じだが、このメニューではひざを離して、足を開く。足の間は肩幅か、肩幅よりやや広く開いておく。

真横にひざを倒す

1の状態から両ひざを横に倒す。下側の足は床につけて、ひざの角度は90度になるように意識。上の足はひざ頭が少し内側に向く形にする。

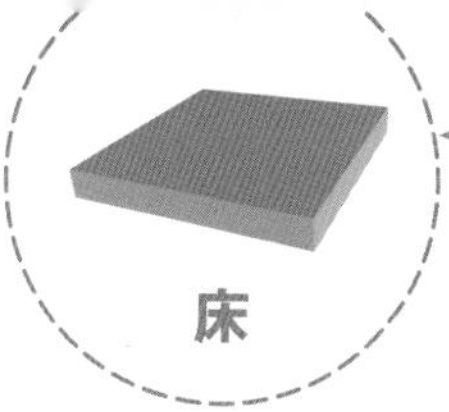

Use items
これを使おう!

3

体がブレないように反対側に倒す

2の状態から両ひざを反対側に倒す。肩甲骨と腕を床にぴったりつけた形をキープすること。体全体が斜めに傾いたり、左右に動いてしまわないように注意する。

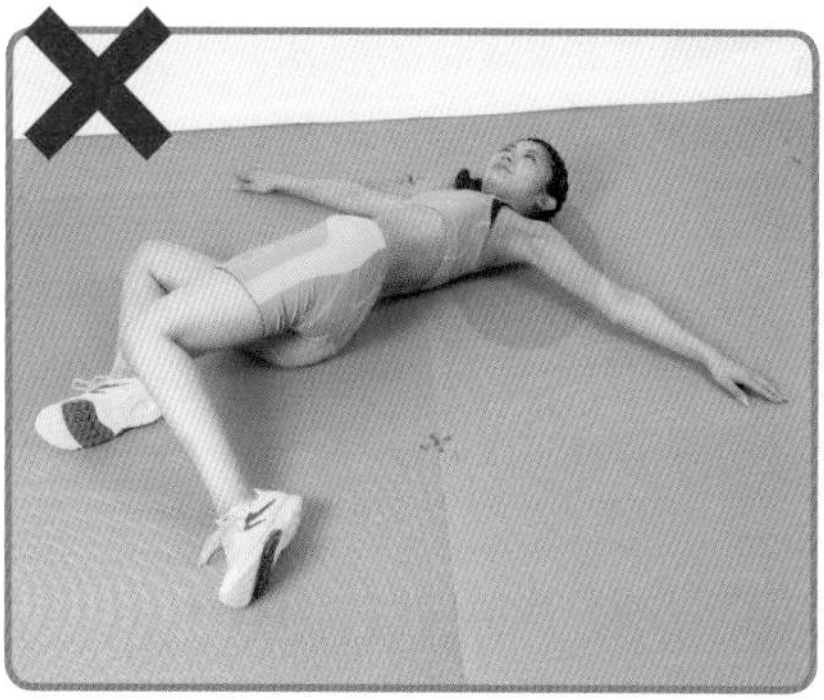

ひざを倒した際に、お尻が背中と一緒に浮き上がると骨盤の外側が伸ばせない。ひざを倒す際に、背中からねじれて体が浮き上がらないように意識する

この運動のポイント

体が左右に大きくブレて お尻が浮き上がらないように

column 3

本来あるべき肩甲骨の動作を意識した生活

肩甲骨が動くのには理由があった

人間は進化の過程で動物のような四足歩行から、2本の足で直立する二足歩行へと歩き方や立ち姿を変化させてきました。この進化によって大きく変わったのが、肩甲骨の位置です。

厳密には構造が違いますが魚類において人間の腕や動物の前足に相当する「胸ビレ」はお腹に付いています。また、魚類の特徴を残した一部の両生類や爬虫類《はちゅうるい》の仲間には、前足（肩甲骨）が人間よりももっと腹部に近い位置に付いているものがいます。馬の肩甲骨は体の側面に付いていて、細長い形をしています。馬はこの肩甲骨を前後に動かして、大地を疾駆しているのです。では人間の肩甲骨はどうでしょう？　人間の肩甲骨は背中にあります。人間が直立し、二本足での歩行を獲得する進化の過程で肩甲骨は背面側に移動したのです。

肩甲骨が背中にあることで、腕（前足）の自由度、可動域が大きく広がりました。そのおかげで霊長類や人類は頭の上まで手を上げることができ、木の上の果実を取ったり、道具を使ったりするようになりました。

肩甲骨は、前足として体を支える役割から、腕を自由自在に動かすためのパーツへとその役割を変化させました。元々は骨盤と同じように体を支える大きな力を持っていた肩甲骨ですから、それをうまく使えれば体の動き自体が効率よく、力強くなるはずです。

肩甲骨の周辺に多くの主要な筋肉が集まっていて、しかもその可動域が広いのは、こんな人類の進化が関係しているのです。

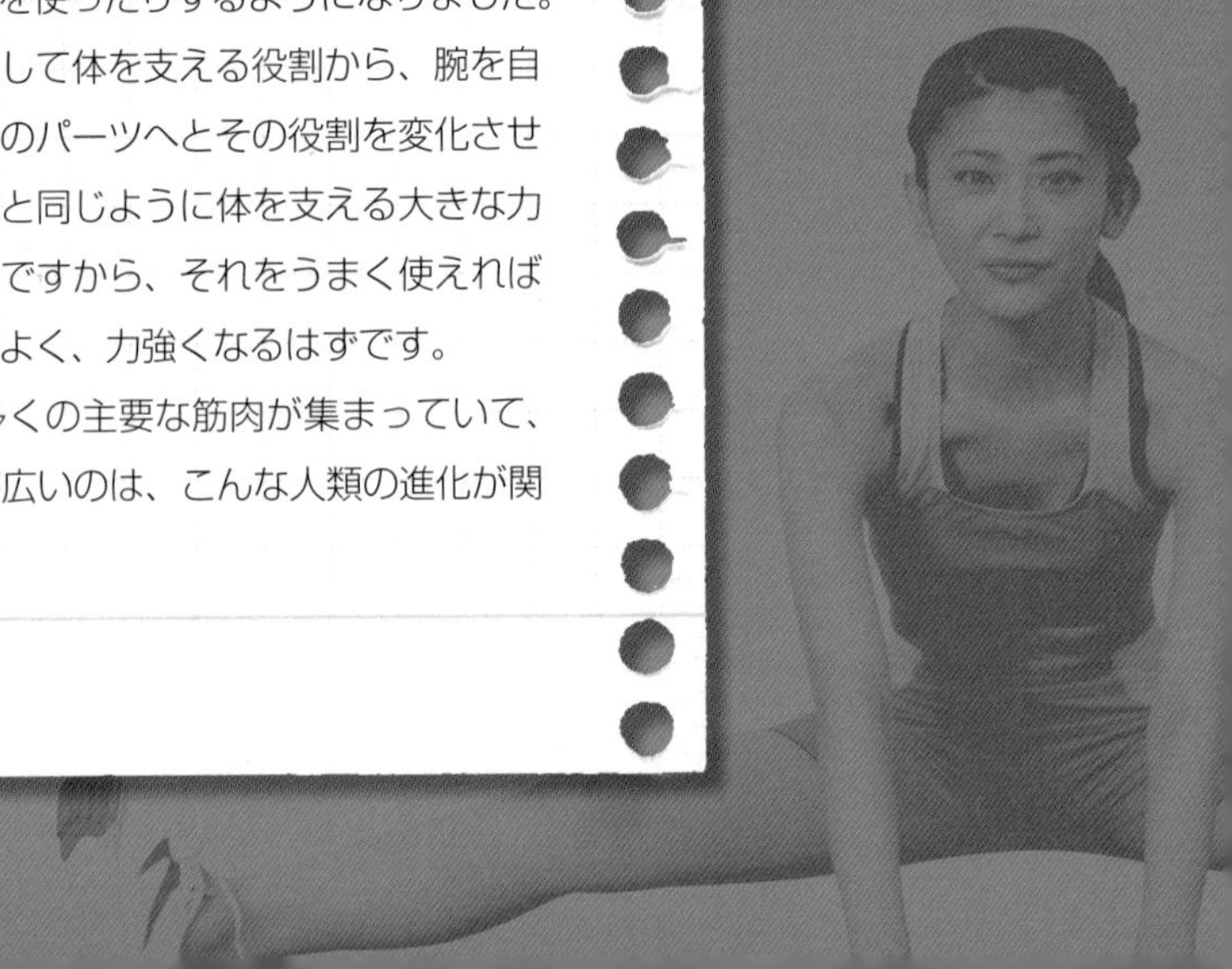